Ingrid Schick
Das Oma-Prinzip

Ingrid Schick

Das Oma-Prinzip

Altbewährtes neu entdeckt!
Tipps, Tricks & Lifehacks
für Küche, Haus und Garten

SOCIETÄTS
VERLAG

Alle Rechte vorbehalten • Societäts-Verlag
© 2021 Frankfurter Societäts-Medien GmbH
Idee, Konzept, Texte: Ingrid Schick
Fotos: Christina Marx
Satz: Julia Desch, Societäts-Verlag
Umschlaggestaltung: Julia Desch, Societäts-Verlag
Umschlagabbildung: Iraida Bearlala/Shutterstock,
Drawlab19/Shutterstock, Tesastreife: Designed by macrovector/Freepik
Druck und Verarbeitung: CPI books GmbH, Leck
Printed in Germany 2021

ISBN 978-3-95542-412-1

Besuchen Sie uns auch im Internet:
www.societaets-verlag.de

Inhalt

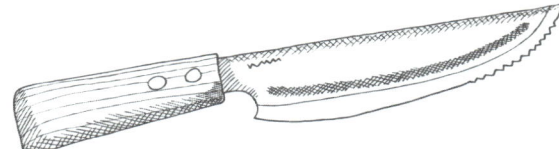

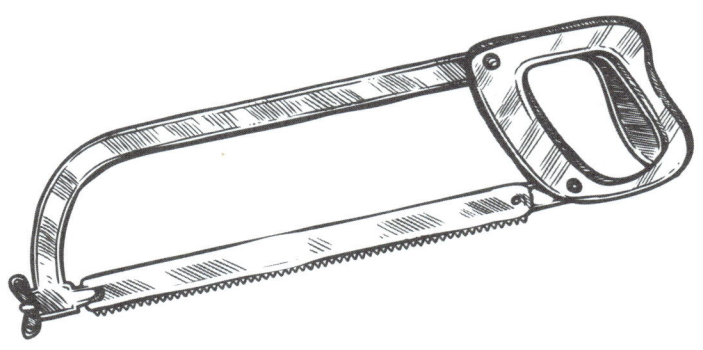

PFLEGEN UND REPARIEREN 84

Backen

Brotsuppe.

Zutaten: 1 1/4 l Wasser, 100 g Brot, Salz, Fett, geröstete Zwiebel.
Die süße Brotsuppe: 3/4 l Wasser, 1/2 l Saft, Zucker, Brot (eingeweicht).

Hefekranz-Savarin.

Zutaten: 300 g Mehl, 20–60 g Fett, 30 g Hefe, +3 Eier, 1/4 l Milch, 50 g Zucker.
Gesüßten Obstsaft mit Rum, Marmelade zum bestreichen, gehackte Mandeln oder geröstete Haferflocken zum bestreuen und verschiedenfarbiges Obst zum Füllen. Dazu Vanilletunke.

Sauerkraut.

Zutaten: 500 g Sauerkraut, 10–50 g Fett, 1 Zwiebel, 1 geriebene Kartoffel, 1 Eßl. Wein, Lorbeerblatt und Pfefferkörner, soviel Wasser, daß das Kraut bedeckt ist. Kochzeit 2–3 Stunden.

Streuselkuchen.

Zutaten: Hefeteig, 1a Mehl. Zum Streusel: 250 g Mehl, 125 g Zucker, 1/2 Teel. Zimt, 100–150 g Butter, 30–100 g gehackte Mandeln.

Käsestangen von Hefeteig.

Zutaten: 375 g Mehl, 100 g Butter, 125 g ga..., 30 g Hefe, 3 Eigelb, ... braun...
Salz, Pfeffer.
Zubereitung: Den Teig wird 10 Minuten ... ... läßt ihn nicht gehen ... ... Strohhalmdick aus und schn... ... in 1 cm breit und 12 cm lang... Streifen. Man dreht sie einmal um ... und läßt sie goldgelb backen.

Haferflockenkeks.

Zutaten: 250 g Haferflocken, 100 g Zucker, ... Fett, 1 Ei, 6 Eßl. Milch, 1 Pr. Salz, 1 Teel...

Haferflockenplätzchen.

Zutaten: 60 g Fett, 60 g Mehl, 125 g Haferfl..., ... Ei, 1/4 Päckchen Backpulver, 125 g ... ... Päckchen Vanille.
Zubereitung: Rührteig.

Süße Nudelspeise.

Zutaten: 130 g Nudeln auf 3/4 l Milch, ... Zucker, Zimt oder Vanille.

Vorwort

Lange schlummerten die Haushalts- und Kochbücher meiner Großmutter in einem alten Koffer in meinem Keller. Kleine Schätze, wie sich beim Stöbern und Durchlesen anlässlich eines Umzugs herausstellen sollte. Fein säuberlich, manche Passagen noch in Sütterlin geschrieben, hat Oma Charlotte traditionelle Haushaltsrezepte, die sie als junge Frau während ihrer Dienstjahre auf einem Hofgut nahe ihres und meines Heimatdorfes zu Kochen gelernt hat, notiert. Nachhaltig haushalten, ressourcenschonend kochen und haltbar machen, Lifehacks für einen Haushalt ohne Chemie, Achtung von den Tieren, indem man alles verwertet, diese Themen sind in aller Munde. Neu ist das nicht. Denn schon Oma Charlotte wusste, wie man den Haushalt „nachhaltig" führt, dass man kleine Wehwehchen mit einfachen Hausmitteln kurieren kann oder wie man den Bauerngarten ohne Chemie hegt und pflegt.

Ich habe die Koch- und Haushaltsbücher mit den zahlreichen Tipps und Rezepten meiner Großmutter geerbt. Zuvor haben auch meine Tanten die Bücher immer wieder mit neuen, alten Rezepten ergänzt. Manche muten heute kurios an, andere berichten von dem kreativen Einsatz knapper Lebensmittel und Ressourcen und sind deswegen heute wieder so aktuell wie zu Großmutters Zeiten.

Von diesem Wissensschatz, der von den Frauen in meiner Familie weitergegeben wird, handelt dieses Ratgeber-Buch. In fünf Kapiteln von Küche & Keller bis Gesundheit & Wohlbefinden finden Sie zahlreiche, wertvolle und originelle Lifehacks für jeden Tag.

Ingrid Schick

Küche und Keller

SCHLUSS MIT DEM ÜBERFLUSS!

MEINER OMA WAR KEINE MÖHRE ZU KRUMM UND KEIN APFEL ZU „UGLY". VERWERTET WURDE ALLES. WAS ÜBRIG BLIEB, ERLEBTE IN IHRER RESTEKÜCHE EIN KÖSTLICHES REVIVAL ODER DIENTE DEN TIEREN AUF DEM HOF ALS NAHRUNG. DAS MEISTE OBST UND GEMÜSE KAM AUS IHREM BAUERNGARTEN, IN DEM ALLES ANGEBAUT WURDE, WAS DIE FAMILIE ÜBERS JAHR BRAUCHTE. IM SOMMER BEGANN DIE ERNTE. ERDBEEREN, GEFOLGT VON HIMBEEREN UND KIRSCHEN WURDEN GEPFLÜCKT UND ZU MARMELADE VERARBEITET. IM HERBST WURDE AUS PFLAUMEN "LATWERGE" (PFLAUMENMUS) GERÜHRT. KARTOFFELN WURDEN GELESEN, KAROTTEN AUSGEGRABEN UND IM ERDKELLER EINGELAGERT. GURKEN UND KÜRBISSE WURDEN IM HERBST EINGEWECKT UND KOHL GEHOBELT, DER IM STEINGUTTOPF MIT SALZ EINGELEGT ZU SAUERKRAUT REIFTE. ZUDEM WURDE BEI OMA CHARLOTTE ZUM JAHRESBEGINN EIN SCHWEIN GESCHLACHTET UND VERWERTET – UND ZWAR VON DER NASE BIS ZUM SCHWANZ. PÖKELN, RÄUCHERN, EINWECKEN – ALLES DER HISTORISCHEN HAUSFRAU BEKANNTE TECHNIKEN ZUR HALTBARMACHUNG VON WURST UND FLEISCH. HÖRT SICH ERST EINMAL SEHR ROMANTISCH UND NACHHALTIG AN, WAR ABER AUCH SEHR VIEL KÖRPERLICH ANSTRENGENDE ARBEIT. TROTZDEM ERHÄLT DER ALTE SPRUCH „SELBSTGEMACHT IST GUT GEMACHT" ANGESICHTS VON SICH HÄUFENDEN LEBENSMITTELSKANDALEN UND KNAPPER WERDENDEN RESSOURCEN WIEDER TOP AKTUELLE BEDEUTUNG.

EIN PLÄDOYER GEGEN DIE LEBENSMITTELVERSCHWENDUNG

Rund ein Drittel aller Lebensmittel, gut zwölf Millionen Tonnen, werden in Deutschland jedes Jahr – vom Acker bis ins Regal – als Abfall entsorgt. Auf der anderen Seite hungern mehr als zwei Milliarden Menschen täglich oder leiden unter Mangelerscheinungen. Unsere Überflussgesellschaft benötigt 50 Prozent mehr Anbaufläche und 50 Prozent mehr Dünger, Pestizide und Energie als nötig wäre, um alle Menschen satt zu machen. Das kann man sich mal auf der Zunge zergehen lassen und daran denken, wenn man einmal wieder Lebensmittel nicht auf den Teller bringt, sondern im Abfall entsorgt, nur weil sie eine kleine Macke haben oder das Mindesthaltbarkeitsdatum suggeriert, dass Käse, Milch oder Joghurt nicht mehr genießbar seien.

DIE KRUX MIT DEM MINDESTHALTBARKEITSDATUM

Das MHD kannte Oma Charlotte nicht. Sie hat sich auf den Augenschein, eine Kostprobe und ihren Geruchssinn verlassen, um zu prüfen, ob Lebensmittel noch genießbar sind oder nicht. In den heutigen Tagen steht das MHD immer öfter in der Kritik. Es wird zu oft falsch interpretiert. Denn das MHD bietet lediglich einen Hinweis darauf, wie lange das Produkt garantiert genießbar ist und nicht, dass es ab diesem Datum verdorben ist und entsorgt werden muss.

Die Verschwendung fängt bei uns bereits auf dem Acker an. Hier bleiben nach der maschinellen Ernte beispielsweise kiloweise Kartoffeln liegen. Sicher, auf dem Hof von Oma Charlotte gab es nur einen Pflug oder eine Hacke, mit dem oder der die Kartoffeln aus der Erde geholt wurden. Jede einzelne wurde sorgsam aufgelesen. Selbst in ihrem Bauerngarten gab es einen Bereich für das damalige Grundnahrungsmittel Nummer eins. Egal ob Acker oder Bauerngarten, jede Kartoffel wurde wertgeschätzt, aufgelesen und im Keller sachgemäß kühl und dunkel gelagert. Heute werden bereits die ersten Feldfrüchte aussortiert,

etwa weil sie nicht der Norm (Form) für Supermärkte ent-
sprechen.

Lebensmittelgeschäfte und Discounter sortieren Nahrungsmittel aus, bevor sie das Mindesthaltbarkeitsdatum errei-
chen, weil Kunden die Ware sonst nicht kaufen würden. So
das Argument des Handels. Aber stimmt das? Ich halte beim
Einkauf immer Ausschau nach Körben, in denen beispielsweise einzelne Bananen mit witzig formulierten Verkaufs-
schildern einen Käufer suchen oder nach „krummen Din-
gern" wie von der Verkaufsnorm abweichende Äpfel oder
Möhren. Auch lasse ich mich nicht vom MHD abschrecken.
Milch und Milchprodukte halten länger, als man denkt. Dabei spart man vieles – von Ressourcen bis Bares.

Ach ja, Erdbeeren zu Weihnachten, Spargel im Februar oder
Weintrauben aus Chile kommen bei mir ebenso wenig auf
den Tisch oder ins Glas wie Zwiebeln aus China oder Wein
aus Südafrika. Denn Lebensmittel wie diese müssen aus
allen Ecken der Welt importiert werden. Über den ökolo-
gischen Fußabdruck solcher Produkte sollte man sich Ge-
danken machen, auch, ob man das Produkt wirklich kaufen
sollte.

*Schräg, krumm
und nicht nach EU-
Norm gewachsen?
Na und! „Scheppe
Dinger", am besten
in Bioqualität, sind
in.*

Solidarisch gärtnern, Obst- und Gemüse retten, heimische Produzenten unterstützen – es gibt viele Möglichkeiten, Lebensmittel wieder wertzuschätzen.

Mit Kampagnen wie der „Nationalen Strategie gegen Lebensmittelverschwendung" des Bundesministeriums für Ernährung und Landwirtschaft soll das Bewusstsein der Verbraucher für die Wertschätzung von Lebensmitteln in der gesamten Kette von der Landwirtschaft über die Industrie und den Handel bis zum Verbraucher oder Großverbraucher geschärft werden. Ziel ist es, bis 2030 die Lebensmittelverschwendung in Deutschland pro Kopf auf Einzelhandels- und Verbraucherebene zu halbieren, und die entlang der Produktions- und Lieferkette entstehenden Lebensmittelabfälle einschließlich Nachernteverlusten zu verringern. „Denn nur wer sich des Wertes von Lebensmitteln und des Ressourcenverbrauchs bei ihrer Herstellung bewusst ist, wird weniger Lebensmittel achtlos wegwerfen", so das Credo (Quelle: Bundesministerium für Ernährung und Landwirtschaft). Auch die Informationsinitiative „Zu gut für die Tonne!" (www.zugutfuerdietonne.de) gibt zahlreiche Tipps und Rezepte, mit denen man Lebensmittelverschwendung vermeiden kann.

EINKAUFSZETTEL & WOCHENPLAN SIND DIE BESTEN HELFER BEIM KONTROLLIERTEN EINKAUFEN

Was jede/jeder ganz einfach zu Hause erledigen kann, ist, einen Einkaufszettel zu schreiben. Ohne den ist Oma Charlotte nie in den Krämerladen zum Einkaufen gegangen. Dort gab es von Schnürsenkeln bis Gesichtscreme, von Eiern bis Mehl, von Linsen bis Öl Artikel des täglichen Bedarfs in einer heute sehr bescheiden anmutenden Auswahl. In den 1960er bis 1980er Jahren wurden diese charmanten Läden zusehend von Supermärkten, Drogeriemärkten und Discountern verdrängt. Heute erleben die sogenannten Tante-Emma-Läden gerade auf dem Land wieder ein kleines Comeback, viele als nahkauf-Märkte, die zu den Marktführern der Lebensmittelbranche gehören, aber in Eigenregie eines Pächters geführt werden. So unterscheidet sich das Sortiment zum Supermarkt kaum. Allerdings setzen immer mehr Betreiber auch auf regionale Erzeugnisse vom Honig des ortsansässigen Imkers bis zu den Eiern aus dem Hühnermobil in der Nachbarschaft. Zurück zu Tante Emma: Hier wurden die losen Hülsenfrüchte, Zucker und Mehl, wie heute auch wieder in den zeitgeistigen Unverpackt-Läden, noch abgewogen, die Bonbons für die Kinder abgezählt oder das Öl aus dem Kanister in die mitgebrachte Flasche gepumpt. Das Einkaufsgeld war ebenfalls ziemlich genau abgezählt. Extras, wie man sie heute im Supermarkt gern einmal mit einpackt, weil man gerade Lust darauf hat oder meint, das neunte Gästehandtuch oder die elfte Plastikschüssel zu brauchen, waren nicht drin. Hält man sich nicht an seinen Einkaufszettel, werden sich zahlreiche nicht benötigte oder gar unnütze Dinge im Einkaufskorb wiederfinden.

Der Einkaufszettel: Erste Hilfe gegen Lebensmittelverschwendung.

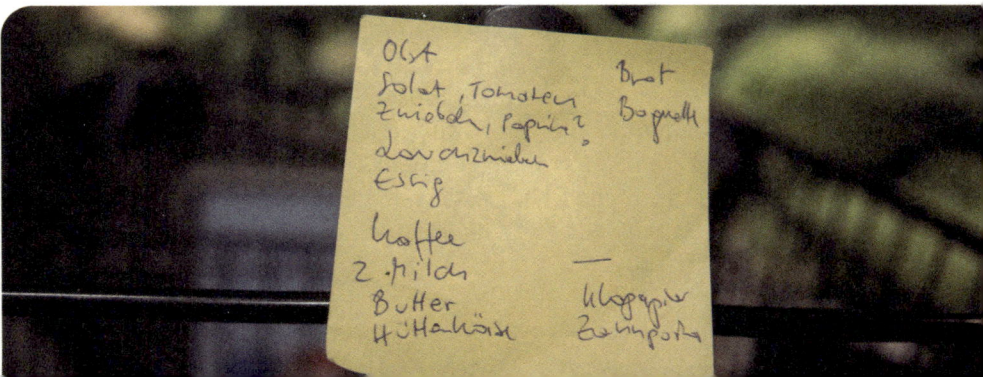

SAISONAL UND REGIONAL EINKAUFEN, FÜR OMA CHARLOTTE EIN ALTER HUT

Diese beiden Schlagworte sind heute in aller Munde. Meine Oma Charlotte hat darüber aber nie nachgedacht, weil es gar keine anderen Möglichkeiten gab, als regional einzukaufen und saisonal zu kochen. Sie konnte noch auf das Wissen von Generationen vor ihr zurückgreifen und war damit zu ihrer Zeit gut beraten. Was bedeutet eigentlich regional? Ist es ein abgezirkelter Umkreis um den Wohnort, das Bundesland oder Naturräume wie Rhön, Vogelsberg oder Odenwald? Da der Begriff „Region" nicht gesetzlich definiert ist, bietet er viel Spielraum für Interpretationen, besonders in der Werbung. Die wirbt mit Begriffen wie „von hier", „Heimat" und „Region" auch für Produkte, die mehrere hundert oder gar tausende Kilometer zurückgelegt haben. So sind diese Bezeichnungen mittlerweile über alle Maße strapaziert. „Ein regionales Produkt sollte aus der Region für die Region sein. Dann wird es nämlich innerhalb einer abgegrenzten Region erzeugt, verarbeitet und vermarktet", so die Verbraucherzentrale. Ich verwende gern Begriffe wie „Einkaufen rund um den Kirchturm" oder „100 Kilometer-Diät", in Anlehnung an das „Essperiment" des kanadischen Paares Alisa Smith und James MacKinnon, das ein Jahr ausschließlich von Nahrungsmitteln lebte, die 100 Meilen in ihrem Umkreis wuchsen. Dazu gehört für mich der Einkauf von Lebensmitteln bei Produzenten vor Ort, auf Bauernmärkten vor der Haustüre oder bei (Bio)Händlern des Vertrauens. Nur so kann man davon ausgehen, dass man durch den Einkauf ebenjene Produzenten unterstützt, bei deren Lebensmittel keine oder nur kurze, klimafreundliche Transportwege haben, Obst und Gemüse in der Saison reif geerntet werden und entsprechend gut schmecken. Trotzdem kann beispielsweise Gemüse auch in der Heimat aus beheizten Gewächshäusern stammen, was die Klimabilanz deutlich verschlechtert, oder die Eierproduzentinnen nicht im komfortablen Hühnermobil wohnen, was dem Tierwohl abträglich ist. Deswegen sollte man beim Einkauf unbedingt auf zusätzliche qualitativ hochwertige, ökologische

und soziale Kriterien und Zusatznutzen wie Landschafts-pflege durch Rinder oder Schafe, Erhalt der Streuobstwiesen oder artgerechte Tierhaltung achten. Nicht zuletzt ist der regionale Einkauf auf dem Markt oder im Bauernhofladen auch immer ein sinnliches Erlebnis. Beinahe zwangsläufig mit dem Begriff „regional" ist das nächste Schlagwort in der Debatte um nachhaltige Ernährung, nämlich saisonal, verbunden. Aber: Wer sich regional versorgt, kauft nach dem Kalender ein, weil Tomaten in unseren Breiten nun mal nicht im November gedeihen, Spargel nicht im März gesto-chen wird und Äpfel nicht im Mai geerntet werden.

Auf dem Bauern-markt kauft man regional, saisonal und unterstützt mit dem Ein-kauf heimische Produzenten und Wertschöpfungs-ketten.

GUT FÜR DIE UMWELT – BIO IST 1. WAHL

Beim Einkauf ist bio für mich die erste Wahl, denn biologisch erzeugte Lebensmittel sind zumeist die bessere Lösung für die Umwelt, das ist keine Frage. Verboten ist Gentechnik in allen Produktionsschritten, vielmehr setzen Bio-Produzenten auf alte Pflanzensorten und Tierrassen, die sich über die Jahrhunderte als widerstandsfähig erwiesen haben. Das trägt zum Erhalt und Fortbestand bei. Auch werden im Gegensatz zur konventionellen Landwirtschaft kaum bzw. keine Giftstoffe oder nitratreiche Dünger verwendet. Das erhält die Böden langfristig gesund. Nicht nur wissenschaftliche Untersuchungen wie durch die Bundesforschungsanstalt für Ernährung haben gezeigt, dass in der Regel konventionell angebautes Obst und Gemüse mit Agrargiften, Pestiziden und Nitraten deutlich stärker belastet sind als biologisch erzeugte. Gesünder sind sie auch, denn sie weisen mehr Mineralstoffe, Vitamine und Faserstoffe auf. Kauft man bio vom Erzeuger oder im Bioladen, schrumpft der CO_2-Fußabdruck gegenüber konventionell erzeugten Lebensmitteln, denn die meisten bio-zertifizierten Betriebe vermarkten ihre Erzeugnisse im eigenen Hofladen, auf Märkten oder packen Obst- und Gemüsekisten, die klimaneutral versendet werden.

Krumme Gurken, „scheppe" Karotten und dicke Knollen, die meisten in Bioqualität, liefern in Gemüsekisten zum Beispiel www.querbeet.de, www.diegemuesekiste.de, www.ackerlei.de, www.etepetete.de, www.bauerntuete.de, www.lebegesund.de, www.hellofresh.de.

Bio steht auch für Transparenz. Alle Inhaltsstoffe müssen vollständig deklariert werden. Billige Hilfsstoffe wie künstliche Aromen sind verboten. Auch den Tieren geht es in ökologisch arbeitenden Betrieben besser, weil sie artgerecht(er) gehalten werden, länger leben, kein genmanipuliertes Futter bekommen und ohne Antibiotika (die Anwendung ist nur in Ausnahmefällen gestattet) auskommen.

Trotzdem ist bio nicht gleich bio. Die Nachfrage regelt den Markt und so hat der Trend zur Industrialisierung auch die Biolandwirtschaft erfasst. Mittlerweile fluten sogar Bio-Produkte aus China und Bio-Eigenmarken der Discounter wie Gut Bio (Aldi) das Angebot. Letztere müssen nur den Mindeststandard der EU-Ökoverordnung erfüllen. Das staatliche Bio-Siegel prangt mittlerweile auf vielen sogenannten Bio-Produkten. Es ist ein sechseckiges Zeichen mit dem Schriftzug „Bio". Es steht seit 2001 für die Kriterien der EG-Öko-Verordnung. „Das Siegel definiert Mindestkriterien und ist im Wesentlichen vertrauenswürdig", schreibt der BUND dazu. Mehr Ökologie und Nachhaltigkeit schreiben sich Bioverbände wie Bioland oder Demeter auf die Fahnen. Die haben eigene, striktere Kriterien für die Produzenten und Produkte entwickelt, die sich mit ihrem Logo schmücken dürfen. Diese Vorgaben gehen deutlich über die Standards des EU-Bio-Siegels hinaus.

Regionalität? Bioqualität? Für Oma Charlotte ein alter Hut. Denn sie hat Obst und Gemüse im eigenen Garten ohne chemische Keulen angebaut.

GESCHMACKSSACHE AM BEISPIEL BROT

Selbst ist die Frau oder der Mann! Selbst gebackenes Brot schmeckt und ist gut verdaulich.

Brot aus Backautomaten beim Discounter oder der Groß-bäckerei? Für mich ein Indikator für den Untergang der Esskultur und ein leidiges Thema, das ganz allgemein für Fertigprodukte steht. Denn Brot und Gebäck aus industri-ell-konventioneller Produktion enthält eine Vielzahl nicht deklarierungspflichtiger Zusatzstoffe, damit der Teig ma-schinell verarbeitet werden kann, das Brot lange frisch hält und das Aroma erhalten bleibt. Immer mehr Men-schen reagieren mit Unverträglichkeiten und Allergien. Bio-Ware hingegen darf all diese Zusätze nicht enthalten und ist deswegen auch viel besser verträglich. Immer öfter backe ich deswegen mein eigenes Brot. So wie Großmut-ter. Ich kann mich nämlich noch gut daran erinnern, wie Oma Charlotte und die anderen Frauen im Dorf freitags oder samstags, Tag und Uhrzeit wurden ausgelost, mit selbst geknetetem und schön in Form gebrachtem Sauer-teigbrot auf dem Backbrett zum Backhaus, kurz „Backes" genannt, gegangen sind. Für mich ein Highlight, wenn ich

Großmutter begleiten durfte. Denn das Holz glühte und knisterte im Steinofen, der Duft des herzhaften Brotes zog bald durchs Backhaus und die benachbarten Gassen. War das Brot fertig, kamen die großen, vorbereiteten Kuchenbleche wahlweise mit Streuseln, Obst oder mit beidem in den Ofen und wurden in der Abwärme der Glut gebacken. Auch der „Vogelsberger Salzekuchen" ist ein Relikt aus dieser Zeit. Dieser wird aus Brotteig, Kartoffelstampf, gedünsteten Zwiebeln, Dörrfleisch oder Wurst zubereitet und traditionell im Backhaus gebacken. Die Frauen nutzten die Zeit für einen Plausch über das Neueste aus der Nachbarschaft. Nach dem Backen schauten auch die Männer vorbei, nicht nur auf ein Schnäpschen, vielmehr halfen sie, Brote und Kuchen nach Hause zu tragen. Mein Vater und sein Bruder waren – sehr zum Ärger der Mutter – dafür berüchtigt, immer die dicksten Streusel vom Kuchen zu stibitzen. Nach dem Niedergang der dörflichen Backkultur und der Backhäuser in den 1960er Jahren gibt es mittlerweile in immer mehr Gemeinden wieder Menschen und Vereine, die sich von Bebra bis Hungen, von Neuhof-Giesel bis Otzberg-Heringen dem Erhalt dieser Tradition widmen.

Sauerteig-Starter selbst ansetzen

Die Herstellung eines Sauerteigs ist kein Hexenwerk. Man benötigt für das sogenannte Anstellgut oder den Starter lediglich Wasser, Mehl, Wärme und Zeit, denn der Teigansatz muss 5 bis 7 Tage regelmäßig mit frischem Wasser und Mehl „gefüttert" werden. Den Rest der Arbeit übernehmen dann die Mikroorganismen. Der Starter ist fertig, wenn er blubbert und leicht säuerlich-fruchtig riecht. Im Brot ist der Sauerteig Treibmittel und Geschmacksgeber gleichermaßen.

Bei der Herstellung ist zu beachten:
1. Am besten eignen sich Vollkornmehle für Sauerteig.
2. Gleichbleibende Temperatur, am besten vermehren sich Hefen bei einer Temperatur von 25 – 30 Grad. Damit der

Rezept

Teig eine gute Startertemperatur hat, die Zutaten vor-wärmen.

3. Unbedingt mit sauberen Utensilien wie Schüsseln, Löffel, (Marmeladen-)Glas arbeiten

4. Der Teig sollte an einer Stelle mit gleichbleibender Temperatur reifen.

LOS GEHT'S!

GROßES (MARMELADEN-)GLAS MIT SCHRAUBDECKEL
WAAGE
THERMOMETER
MINDESTENS 250 G ROGGENVOLLKORNMEHL
50 ML WASSER

Zubereitung

Tag 1:

50 g Mehl und 50 ml handwarmes Wasser in ein Glas geben und kräftig schütteln. Das Glas mit einem Tuch abdecken und den Ansatz etwa 24 Stunden bei 25 bis 30 Grad, bis sich Bläschen bilden, reifen lassen.

Tag 2:

Nach 24 Stunden den Ansatz kräftig umrühren, damit Sauerstoff ins Gemisch kommt. Fütterung mit derselben Menge Mehl und Wasser wiederholen. Um den Fortgang der Reifung besser abschätzen zu können, das Glasinnere nach dem „Durchschlagen" mit einem sauberen, feuchten Tuch reinigen.

Tag 3/Tag 4:

Beide Tage die „Fütterung" mit 50 g Roggen-Vollkornmehl und 50 g Wasser wiederholen. Zeigen sich Bläschen, haben die Bakterien ihre Arbeit aufgenommen.

Tag 5:
Der Sauerteigansatz sollte nun schaumig und aktiv sein. Jetzt kann man das Glas in den Kühlschrank stellen und entweder einmal pro Woche mit gleichen Teilen Mehl und Wasser „füttern" oder ihn fürs Brotbacken verwenden.

Sauerteigbrot

50 G VOM SAUERTEIGANSATZ
900 G ROGGENVOLLKORNMEHL
100 G WEIZENVOLLKORNMEHL
15 – 20 G SALZ
600 – 700 ML LAUWARMES WASSER

Zubereitung

Ansatz und Wasser in eine Schüssel geben. Mehl und Salz unterheben. Zu einem homogenen Teig kneten. Die Schüssel mit einem Tuch abdecken und den Teig bei Zimmertemperatur über Nacht ruhen lassen. Er sollte am nächsten Tag sein Volumen verdoppelt haben. Vom Teig ein Viertel abnehmen und fürs nächste Backen im Kühlschrank aufbewahren. Den anderen Teil auf einer bemehlten Arbeitsfläche zu Brotlaiben formen und nochmals 30 Minuten gehen lassen. Brot über Kreuz einschneiden. Inzwischen den Backofen auf 240 Grad Ober-/Unterhitze vorheizen. Eine mit Wasser gefüllte feuerfeste Schale unten in den heißen Ofen stellen. Backblech mit Backpapier auslegen, die Brotlaibe darauflegen und „einschießen". Etwa 30 Minuten bei 240 Grad, danach gut eine Stunde bei reduzierter Hitze von 160 – 180 Grad backen. Circa 5 Minuten bevor das Brot laut Uhr durchgebacken sein sollte, noch einmal mit Wasser bestreichen. Hat man das Brot aus dem Ofen geholt, macht man den Klopftest: Klingt das Brot hohl, ist es fertig.

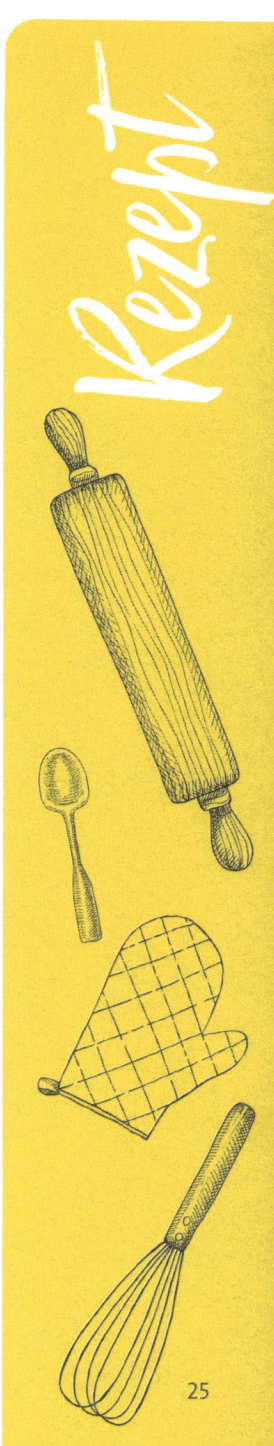

Rezept

Vogelsberger Salzekuchen

(8–10 Portionen)

Der Vogelsberger Salzekuchen ist wie der Rhöner oder Ober-
hessische Ploatz ein Beispiel für die kreative, ressourcenschonende Reste- bzw. Weiterverwertung von Lebensmitteln in der bäuerlichen Bevölkerung. War nämlich früher das
Brot im dörflichen Backhaus fertig gebacken, und der Ofen
noch heiß, wurden die Reste des Sauerteiges mit allem, was
die Küche so hergab, verarbeitet. So kommen auf den Roggenbrotteig die unterschiedlichsten herzhaften Beläge wie
Wurst, Zwiebeln und Schmand. Den Ploatz gibt es auch in
süß mit Äpfeln und Zimt.

750 G KARTOFFELN
225 G SCHINKENSPECK
250 ML SONNENBLUMENÖL
625 G ZWIEBELN
125 ML MILCH
375 G QUARK
2 EIER
125 ML SCHMAND
1 BUND PETERSILIE
1 TL ÖL
1 TL SALZ, ZUM WÜRZEN
750 G ROGGENBROTTEIG MIT NATURSAUERTEIG (KANN MAN AUCH
BEIM BÄCKER BESTELLEN)

Zubereitung
Kartoffeln garkochen. Den Backofen auf 240 Grad vorheizen.
Speck in kleine Würfel schneiden und mit dem Öl in einer
Pfanne glasig dünsten. Zwiebeln in Ringe schneiden, Kartoffeln pellen, durch eine Kartoffelpresse drücken und mit
der erhitzten Milch in einer großen Schüssel zu Kartoffel-
brei verarbeiten. Quark, Eier und Schmand, dann Speck und
Zwiebeln dazugeben, mit Salz abschmecken. Petersilie klein
hacken und zum Schluss unter die Masse heben. Backblech

einfetten. Roggenbrotteig auf dem Blech ausrollen, die Kartoffelmasse gleichmäßig darauf verstreichen, am Rand etwas freilassen und den Brotteig nach innen umlegen. Im Backofen bei 180–200 Grad 30–40 Minuten goldbraun backen.

AUFBEWAHREN VON LEBENSMITTELN

Der alte Erdkeller unterm Haus und die Speisekammer unterm Dach waren Omas Schlaraffenland. In den Regalen la-
gerte das Obst, standen Steinzeug-Krüge mit eingelegtem
Gemüse, Gläser mit eingemachtem Obst und köstlichen
Marmeladen, Gurkenfässchen und Schmalztöpfe. In der
Räucherkammer hingen Würste, Schinken und Speck vom
selbst geschlachteten Schwein und/oder Rind. Richtiges
Haltbarmachen und Aufbewahren von Lebensmitteln waren Omas großes Kücheneinmaleins. Sicher, wer hat heute
noch einen Lehmkeller oder eine kühle Speisekammer in
seiner Stadtwohnung? Dafür gibt's nun Gefriertruhen und
Kühlschränke. Die Räucherkammer wird heute durch einen
Räucherofen ersetzt. Pökeln, Einwecken oder Einmachen
kann man aber auch in der modernen Küche.

Leider ist es heute so, dass von den Lebensmitteln, die es vom
Erzeuger über den Handel bis zu den Verbraucher*innen ge-
schafft haben, pro Kopf und Jahr rund 75 Kilogramm weggeworfen werden. Das würde Großmutter Kummerfalten ins
Gesicht meißeln. Oft weil das MHD falsch interpretiert wird,
die Packungen zu groß sind oder schlicht, weil man nicht
mehr weiß, wie man Lebensmittel haltbar bzw. lagerfähig
macht. Gut also zu wissen, dass übriggebliebenes Eigelb ta-
gelang frisch bleibt, wenn man es in eine Tasse gibt und mit
kaltem Wasser übergießt oder welkes Gemüse wieder frisch
wird, wenn man es einige Zeit in Wasser mit einem Schuss
Zitronensaft oder Essig legt.

Eine Dose bleibt eine Dose – darin wurden in Omas Küche Wurst, Fleisch und Suppen eingemacht.

MIT OMA CHARLOTTES TIPPS VERLÄNGERT MAN DIE HALTBARKEIT VON NAHRUNGSMITTELN. DAS GUTE DARAN: MAN SPART DAMIT NICHT NUR JEDE MENGE GELD, SONDERN AUCH WERTVOLLE RESSOURCEN.

GEMÜSE & ANDERES GRÜNZEUG

▷ ZWIEBELN HALTEN BIS ZU ACHT MONATEN, WENN SIE IN EINEM NYLONSTRUMPF AUFBEWAHRT WERDEN. MAN STECKT EINE ZWIEBEL IN EIN BEIN UND DRÜCKT SIE GANZ NACH UNTEN, DANN EINEN KNOTEN MACHEN. AUF DEN KOMMT DIE NÄCHSTE ZWIEBEL USW. DEN ZWIEBELSTRUMPF AN EIN REGAL IM KELLER ODER DER SPEISEKAMMER HÄNGEN.

▷ ANGESCHNITTENE ZWIEBELN KANN MAN EINIGE TAGE AUFHEBEN, WENN MAN DIE SCHNITTSTELLE MIT BUTTER EINREIBT UND KÜHL LAGERT.

▷ ZWIEBELGRÜN ERLEBT ALS GEWÜRZ EIN LECKERES REVIVAL, WENN MAN EINE ZWIEBEL IN EIN GEFÜLLTES WASSERGLAS STELLT UND MIT DEM HERAUSWACHSENDEN GRÜN SUPPEN, SALATE, SOSSEN ODER EIERSPEISEN WÜRZT.

▷ DAMIT GURKEN LÄNGER KNACKIG UND FRISCH BLEIBEN, STELLT MAN SIE MIT DEM FRUCHTANSATZ NACH UNTEN IN EIN WASSERGLAS. WASSER TÄGLICH WECHSELN.

▷ DAMIT SÜSSE FRÜCHTCHEN LÄNGER FRISCH BLEIBEN, LEGT MAN BEEREN NACH DEM EINKAUF FÜR ETWA 5 MINUTEN IN EINE SCHÜSSEL MIT WASSER UND ETWAS ESSIG-ESSENZ (MISCHUNG 10:1), ABSEIHEN UND TROCKNEN. SO WERDEN KLEINE MIKROORGANISMEN ABGETÖTET UND DIE BEEREN BLEIBEN LÄNGER FRISCH.

▷ PILZE IN EINER PAPIERTÜTE LAGERN, DENN IM KÖRBCHEN MIT PLASTIKÜBERZUG FAULEN SIE SCHNELL. IN DER PAPIERTÜTE BLEIBEN SIE FAST EINE WOCHE VERWERTBAR.

▷ SALAT, KRÄUTER UND BLATTGEMÜSE BLEIBEN FRISCH, WENN MAN SIE IN EIN FEUCHTES (KÜCHEN-)TUCH WICKELT UND IM KÜHLSCHRANK LAGERT.

▷ BLÄTTER VON KOHLRABI, RADIESCHEN & CO. SOLLTEN NACH DEM KAUF ENTFERNT WERDEN, UM DAS GEMÜSE LÄNGER

LAGERN ZU KÖNNEN. DIE KANN MAN ÜBRIGENS ZU LECKEREN
BEILAGEN WIE PESTO VOM MÖHRENGRÜN VERARBEITEN.
▷ VIELE BLÄTTER UND STRÜNKE VON GEMÜSE ENTHALTEN OFT
  MEHR VITAMINE UND SPURENELEMENTE ALS DAS GEMÜSE
  SELBST UND KÖNNEN ZU LECKEREN BEILAGEN ODER GEWÜRZ-
  MISCHUNGEN VERARBEITET WERDEN.
▷ DAS ZWEITE LEBEN VON ZITRONEN ODER ORANGEN: DIE
  SCHALEN AUSGEPRESSTER ZITRONEN IN DEN OBEREN KORB
  DER SPÜLMASCHINE LEGEN. SIE VERLEIHEN MASCHINE UND
  INHALT EINEN FRISCHEN DUFT, MACHEN DAS GESCHIRR GLÄN-
  ZEND, UND MAN SPART DEN KLARSPÜLER!
▷ ORANGEN- UND ZITRONENSCHALEN ERGEBEN FÜR 4 WOCHEN
  IN ESSIG EINGELEGT EINEN HERVORRAGENDEN, UMWELT-
  FREUNDLICHEN HAUSHALTSREINIGER.
▷ UNANSEHNLICH GEWORDENE ÄPFEL ERLEBEN EIN KNACKIGES
  REVIVAL, WENN MAN SIE FÜR KURZE ZEIT IN HEISSES WASSER
  LEGT.
▷ WELKES GEMÜSE WIRD WIEDER KNACKIG, WENN MAN ES
  EINIGE ZEIT IN KALTES WASSER MIT EINEM SCHUSS ZITRO-
  NENSAFT ODER ESSIG LEGT.
▷ KNOBLAUCHZEHEN TROCKNEN NICHT AUS, WENN MAN SIE
  GESCHÄLT IN EINER TASSE ODER EINEM GLAS MIT ÖL AUF-
  BEWAHRT. NACH DEM VERBRAUCH KANN MAN DAS SO ARO-
  MATISIERTE ÖL GUT FÜR MARINADEN ODER ZUM WÜRZEN
  BENUTZEN.
▷ ANGESCHNITTENE ZITRONEN TROCKNEN NICHT AUS, WENN
  MAN SIE MIT DER SCHNITTFLÄCHE NACH UNTEN IN EINE MIT
  ZUCKER BESTREUTE (UNTER-)TASSE STELLT.

KÄSE & ANDERE MILCHPRODUKTE

▷ HÜTTENKÄSE HÄLT BEINAHE DOPPELT SO LANGE, WENN ER IM
  KÜHLSCHRANK AUF DEN KOPF GESTELLT GELAGERT WIRD.
▷ KÄSE BLEIBT LÄNGER GENIESSBAR, WENN MAN IHN NACH DEM
  EINKAUF DIREKT AUS DER PLASTIKFOLIE WICKELT UND ER
  UNTER EINER KÄSEGLOCKE ODER IN EINER VERSCHLIESSBAREN
  DOSE GELAGERT WIRD. IN LETZTERE LEGT MAN EIN STÜCK
  WÜRFELZUCKER, DAS SAUGT DIE FEUCHTIGKEIT AUF. DER
  ZUCKER SOLLTE REGELMÄSSIG AUSGETAUSCHT WERDEN.

ANGEBRANNT, GEPLATZT, SCHWER VERDAULICH? DA HELFEN OMA CHARLOTTES HILFREICHE KÜCHENTRICKS.

▷ ANGEBRANNTER BRATEN WIRD WIEDER TADELLOS, WENN MAN DAS FLEISCH SAMT SOßE NACH DEM ENTFERNEN DER ANGEBRANNTEN STELLEN IN EINEN FRISCHEN TOPF GIBT, EINE PRISE NATRON DAZUGIBT UND ZU ENDE BRÄT.

▷ SPEISEN BRENNEN NICHT AN, WENN MAN IN DEN TOPF EINE GLASMURMEL LEGT, DIE MAN VOR DEM ANRICHTEN WIEDER HERAUSNIMMT.

▷ DEN RAND DER SPRINGFORM BEIM BACKEN VON BISKUITBÖ-DEN NICHT EINFETTEN, SONST WÖLBT SICH DAS BACKWERK IN DER MITTE.

▷ BLUMENKOHL BLEIBT SCHÖN WEIß, WENN MAN EINE PRISE ZUCKER INS KOCHWASSER GIBT.

▷ BRATENSOßEN WERDEN DURCH DIE BEIGABE EINER APFEL-SCHEIBE ODER EINES GANZEN APFELS SCHMACKHAFTER.

▷ EIER PLATZEN BEIM KOCHEN NICHT UND LAUFEN AUCH NICHT AUS, WENN MAN EINEN SCHUSS ESSIG INS KOCHWASSER GIBT.

▷ EIWEIß WIRD SCHNELLER STEIF, WENN MAN EINE PRISE SALZ ODER EINIGE TROPFEN ZITRONENSAFT DAZUGIBT. SAHNE WIRD SEHR FEST, WENN MAN STATT ZUCKER PUDERZUCKER VERWENDET UND EINIGE TROPFEN ZITRONE ZUGIBT.

▷ ERBSEN UND ANDERES GRÜNES GEMÜSE BEHALTEN BEIM KOCHEN IHRE SCHÖNE FARBE, WENN MAN INS KOCHWASSER EIN STÜCK WÜRFELZUCKER GIBT.

▷ ESSEN VERSALZEN? DANN RETTET MAN ES, INDEM MAN GESCHÄLTE, ROHE KARTOFFELSCHEIBEN MIT KOCHT UND VOR DEM ESSEN ENTFERNT.

▷ GURKENSALAT WIRD BEKÖMMLICHER, WENN MAN DIE GURKE NACH DEM SCHÄLEN MIT HEIßEM WASSER ÜBERBRÜHT UND DANN ERST HOBELT.

▷ KARTOFFELKLÖßE LASSEN SICH LEICHTER FORMEN, WENN MAN DIE HANDFLÄCHEN MIT ÖL EINREIBT. DREHT MAN SIE BEIM FORMEN IMMER IN EINE RICHTUNG, ZERFALLEN SIE NICHT BEIM KOCHEN.

▷ KUCHENTEIG WIRD LOCKERER, WENN MAN EINIGE TROPFEN ESSIG UNTER DEN TEIG RÜHRT. KUCHENTEIG MUSS IMMER IN DER GLEICHEN RICHTUNG GERÜHRT WERDEN. DURCH RICHTUNGSWECHSEL KANN DAS AUFGEHEN ODER GÄREN GEFÄHRDET WERDEN.

▷ PFANNKUCHEN/KAISERSCHMARRN WERDEN BESONDERS LOCKER, WENN MAN STATT WASSER MINERALWASSER VERWENDET. EBENSO MACHT EIN SCHUSS SPRUDELWASSER DAS RÜHREI SCHÖN LOCKER.

▷ NAPFKUCHEN FÄLLT BEIM BACKEN NICHT ZUSAMMEN, WENN MAN EIN STÜCK MAKKARONI IN DEN TEIG STECKT, DAS WIRKT ALS KAMIN UND DER KUCHEN GEHT PRÄCHTIG AUF. ER LÄSST SICH ZUDEM LEICHTER AUS DER FORM LÖSEN, WENN MAN DIESE IN EIN FEUCHTES, KALTES TUCH WICKELT UND DEN KUCHEN DANACH STÜRZT.

▷ PAPRIKAPULVER DARF NIE SCHON BEIM ANBRATEN ZUM FLEISCH GEGEBEN WERDEN, DA ES VERBRENNT UND DAS FLEISCH BITTER MACHT.

▷ PFLAUMEN DURCH DEN FLEISCHWOLF GEDREHT ERGEBEN BESONDERS LOCKERE UND STREICHFÄHIGE LATWERGE.

▷ PUDERZUCKERGLASUR WIRD SCHNEEWEISS, WENN MAN STATT WASSER MILCH ZUM ANRÜHREN VERWENDET.

▷ UM ZU VERMEIDEN, DASS BEIM ANBRATEN FETT AUS DER PFANNE SPRITZT, STREUT MAN ETWAS SALZ HINEIN, BEVOR MAN DAS FLEISCH EINLEGT.

▷ WILL MAN SALZKARTOFFELN WARMHALTEN, BREITET MAN EIN KÜCHENTUCH ÜBER DEN TOPF. DAS SAUGT DEN AUFSTEIGENDEN DAMPF AUF UND DIE KARTOFFELN VERWÄSSERN NICHT. SCHLÄGT MAN EINEN „KOLTER" UM DEN TOPF, BLEIBEN DIE KARTOFFELN BIS ZU EINER STUNDE HEISS.

▷ SUPPENFLEISCH WIRD SCHNELL GAR UND SCHMECKT GUT, WENN MAN EINEN SCHUSS COGNAC INS KOCHWASSER GIBT. EIN LÖFFEL ESSIG MACHT ES ZART.

KREATIVE RESTEVERWERTUNG – OMAS REZEPTE FÜR EINE KÜCHE OHNE VERSCHWENDUNG

Reste verwerten anstatt sie wegzuwerfen, das ist nachhaltig, freut den Geldbeutel und kann dazu richtig gut schmecken. Inspiration und Rezepte für eine schmackhafte Resteküche habe ich in den Kochbüchern meiner Oma Charlotte gefunden. Frauen wie sie waren Meisterinnen im Resteverwerten.

Aus Gemüse- und Fleischresten machten sie köstliche Gemüsesuppen, Kartoffeln oder Nudeln wurden zu leckeren Aufläufen oder Pfannengerichten verarbeitet. Dabei griffen sie auch auf einen gut gefüllten Vorratsschrank zurück, in dem ein eiserner Vorrat an Mehl, Öl, Gemüsebrühe, Salz, Gewürze und getrocknete Kräuter nicht fehlten. Frische Eier lieferten die gefiederten Damen im Hühnerhaus, Speck war nach der Hausschlachtung selbst geräuchert und hing im Räucherschrank. Zwiebeln oder Knoblauch hatte Oma Charlotte immer im Haus. So wurde die Resteverwertung für sie ein Heimspiel. Heute kann man Reste gut im Kühlschrank aufbewahren. In luftdicht verschließbaren Plastikdosen halten sich Nudeln, Reis oder Kartoffeln ohne Probleme mehrere Tage. Ebenso durchgegartes Fleisch oder Fisch.

Aber auch Obst und Gemüse wurden von ihr vom Stängel bis zum Blatt, manchmal sogar auch die Schalen verwendet. Was Oma bereits wusste: Viele dieser Gemüsereste sind gesund und enthalten oft mehr Vitamine und Nährstoffe als das eigentliche Gemüse. Blätter oder Strünke folgender Gemüsesorten eignen sich beispielsweise gut für den Verzehr:

▷ **Radieschenblätter** sind reich an Vitaminen, schmecken scharf-würzig und eignen sich dazu, Rohkostsalate zu verfeinern, als Basis für Pesto oder können frisch und klein geschnitten in Salaten oder zu leckeren Chips verarbeitet werden.

▷ **Kohlrabiblätter** haben Mehrwert, sie schmecken und, ihr Vitamin E- und Mineralstoffgehalt ist höher als in der

Blätter und Stiele von vielen Gemüsesorten gehören nicht in den Biomüll, weil man daraus leckere Snacks und Gewürze zaubern kann.

Knolle selbst. Mit ihrem intensiven Aroma geben sie gemischtem Salat das gewisse Etwas, verfeinern Suppen und Eintöpfe.

▷ **Möhrengrün** enthält sekundäre Pflanzenstoffe, denen eine antioxidative, entzündungshemmende und antibakterielle Wirkung zugeschrieben wird.

▷ **Brokkoli- und Blumenkohlstrünke** beliefern uns mit Kalzium, Phosphor, Kalium, Eisen, den Vitaminen A, C und E und dem Provitamin Beta-Carotin. Die zähe, holzige äußere Schicht muss man entfernen, das Innere ist geeignet zum Mit-Kochen in Gemüsefonds, man kann sie sogar roh als Gemüsestick essen.

▷ **Kartoffelschalen**, nicht nur die Kartoffel selbst, kann man zu Kartoffelchips verarbeiten. Wichtig: die Kartoffelschalen sofort nach dem Schälen weiterverarbeiten.

Kartoffelchips aus Kartoffelschalen

(2–3 Portionen)

SCHALEN VON 3–4 KARTOFFELN
2–3 EL OLIVENÖL
GROBKÖRNIGES SALZ
GEWÜRZE NACH EIGENEM GUSTO: BEISPIELSWEISE PAPRIKA,
ROSMARIN, CHILI, KRÄUTER DER PROVENCE

Zubereitung

Backofen auf 200 Grad vorheizen. Ein Blech mit Backpapier auslegen. Die Kartoffelschalen mit Olivenöl vermischen, mit Salz und Gewürzen bestreuen und gut vermischen. Schalen auf das Blech geben und etwa 15 Minuten knusprig backen.

Quer durch de Goahre

Ein Klassiker für alles, was weg muss, ist der Eintopf. Die mittelhessische Variante des Gemüseeintopfs wird zubereitet aus Weißkohl, Möhren, Kohlrabi, Lauch, Kartoffeln und was der Markt, das Gemüsefach oder der Garten sonst noch so hergibt. Die Gemüsebasis füllt man mit Rinderbrühe auf. Auf „Frankfurterisch" heißt der Eintopf „Quer dorsch de Gadde", im Westerwald würde man „Goahrde" sagen. Wahlweise und regional unterschiedlich sorgen Frankfurter Würstchen oder Vogelsberger Kartoffelwurst darin für die fleischige Komponente. Nie fehlen sollte ein Teelöffel Kümmel, der zur geräuschlosen Verdauung des Gemüseeintopfs beiträgt.

(6 Portionen)

150 G JUNGE ERBSEN
150 G GRÜNE BOHNEN
150 G FEIN GEHOBELTES WEISSKRAUT
2 MOHRRÜBEN
2 KARTOFFELN
1 KOHLRABI
1 KLEINE SELLERIEKNOLLE
2 STANGEN LAUCH
2 ZWIEBELN
NACH BELIEBEN: SAUERAMPFER, KERBEL, PETERSILIE (WURZEL ODER GRÜNES), SELLERIEGRÜN, LIEBSTÖCKEL, THYMIAN
1,5 – 2 LITER KNOCHENBRÜHE
2 EL BUTTER ODER SCHMALZ
SALZ, PFEFFER, MUSKATNUSS (FRISCH GERIEBEN)
1 TL KÜMMEL

Rezept

Zubereitung

Die Kartoffeln und das Gemüse schälen bzw. putzen und waschen. Alles in feine Streifen schneiden. In einem Suppentopf die Butter/das Schmalz erhitzen. Zwiebeln und Lauch darin andünsten. Dann das Gemüse bis auf Sauerampfer, Kerbel, Petersilien-, Selleriegrün, Liebstöckel und Thymian dazugeben und die Brühe angießen. Zugedeckt bei schwacher Hitze 30 Minuten kochen lassen (das Gemüse sollte noch Biss haben). Die Kräuter waschen, trocken schütteln und fein hacken. Den Eintopf mit Salz, Pfeffer und Muskat abschmecken und vor dem Servieren die Kräuter darüberstreuen.

Möhrengrün-Pesto

50 G MÖHRENGRÜN
50 G NÜSSE (WALNUSS, HASELNUSS, CASHEW)
1 EL GERIEBENER PARMESAN
1 KNOBLAUCHZEHE
1 SPRITZER ZITRONENSAFT
100 – 120 ML RAPSÖL
SALZ, PFEFFER ZUM WÜRZEN

Zubereitung

Möhrengrün waschen und mit einem scharfen Messer oder Kräuter-Wiegemesser sehr fein hacken. Nüsse kurz in einer Pfanne anrösten, dann ebenfalls klein hacken. Knoblauchzehen mit Salz zu einer Paste quetschen. Alle Zutaten mischen und die Kräuter-Nuss-Knoblauchmischung in ein Schraubglas füllen und mit Öl aufgießen. Mit Öl bedeckt hält sich das Pesto mehrere Tage im Kühlschrank. Schmeckt als Pesto zur Pasta, als Brotaufstrich oder in der Salatsoße.

„REGROWING" –
NEUES LEBEN AUS GEMÜSEABFÄLLEN

Meine Oma Charlotte kannte das Prinzip unter dem Begriff „Stecklingsvermehrung". Aktueller Hype ist das Regrowing von Gemüse. Das Prinzip ist relativ einfach: Man wirft den Strunk von Salaten, Lauchzwiebeln oder Sellerie nicht mehr weg, sondern stellt ihn für einige Tage in ein Glas mit Wasser. Das muss regelmäßig gewechselt werden, damit es nicht zu Fäulnis kommt. Ich habe das Experiment selbst gemacht und durfte bereits nach wenigen Tagen feststellen, dass aus dem Salatstrunk neues Leben wächst. Dann soll der keimende Strunk in einen Topf mit Anzuchterde umgesetzt werden. Dabei hatte ich weniger Glück, denn das Pflänzchen wurde von einer Schnecke im Beet ratzeputz weg gefressen! Den Versuch war es wert, und nun wächst ein neuer Salat im Wasserglas heran. Beachten sollte man auch, dass die verschiedenen Pflanzen unterschiedliche Ansprüche an den Standort haben. Allgemein gilt: es sollte hell und warm um das Regrow-Pflänzchen sein. Kohlrabi zieht man nach, wenn man bei der ersten Ernte die Wurzel mit einer Scheibe, an der 2–3 Blattwinkel stehen bleiben, übriglässt. Daraus entwickeln sich 2–3 neue Kohlrabi-Knollen.

Regrowing: Neues Leben entsteht aus Gemüseresten. Das spart Ressourcen und schont das Portemonnaie.

RESTEVERWERTUNG VON KARTOFFELN, REIS & NUDELN

Reis und Nudeln kann man vielseitig und schmackhaft zweitverwerten. Beispielsweise kann man dies als kreative Reispfanne, Nudelauflauf oder als Reis- oder Nudelsalat mit allem, was man im Kühlschrank findet, zubereiten: Gemüse, Kräuter, Fleisch, Wurst, Fisch, Champignons, Paprika, Gurken, Erbsen, angebrochene Sahne und Käsereste können dafür verwendet werden. Ein genaues Rezept gibt es nicht. Erlaubt ist, was schmeckt. Auch für die Resteverwertung von Kartoffeln gibt es 1001 köstliche Möglichkeit. Gebraten, als Salat, als Auflauf oder gefüllten Kloß à la Oma Charlotte – der Kreativität sind kaum Grenzen gesetzt. Mit Gemüse, Wurst und Ei wird daraus eine hessische Tortilla, überbacken mit Sahne und Käse ein wunderbares Kartoffelgratin.

Rezept

Gefüllter Kloss (halbseiden)

1,5 KG KARTOFFELN, MEHLIG KOCHEND
1 ZWIEBEL
2 EIER
250 G STÄRKEMEHL
¼ L MILCH
30 G GESCHMOLZENE BUTTER
500 G LEBERWURST
SALZ, FRISCH GERIEBENE MUSKATNUSS

Zubereitung

Die in der Schale gekochten Kartoffeln pellen und sofort durch die Presse drücken, abkühlen lassen. Die Kartoffelmasse mit kochender Milch übergießen, nicht die ganze Milch auf einmal, sondern nach und nach einfließen lassen. Die Kartoffelmasse mit Eiern und Stärkemehl zu einem nicht zu feuchten Teig verkneten. Mit Salz und Muskat würzen. Von der Masse immer 2 EL abstechen, mit Leberwurst füllen, und zu einem Kloß drehen. In kochendes Salzwasser geben, kurz aufkochen, dann die Hitze reduzieren und 10–15 Minuten ziehen lassen. Klöße aus dem Topf nehmen, gut abtropfen lassen. Die klein geschnittene Zwiebel goldbraun rösten. Restliche Leberwurst in der Pfanne anbraten, mit der gerösteten Zwiebel über die Klöße geben und mit der geschmolzenen „guten Butter", wie meine Großmutter zu sagen pflegte, also nicht mit Margarine, überziehen.

Hessen-Tortilla

900 G KARTOFFELN, VORWIEGEND FESTKOCHEND
7 – 8 EIER
250 G PRESSKOPF ODER AHLE WURST
RAPSÖL, ZUM ANBRATEN
SALZ, PFEFFER, ZUM WÜRZEN

Zubereitung
Gekochte Kartoffeln vom Vortrag pellen und in Scheiben schneiden. Presskopf oder Ahle Wurst in kleine Stücke schneiden und in der Pfanne mit etwas Öl anbraten. Dann die Kartoffeln dazugeben und unter häufigem Wenden durchgaren. Die Kartoffeln sollen nicht braun werden. Inzwischen die Eier in einer Schüssel verquirlen, mit Salz und Pfeffer gut würzen. Die gebratenen Kartoffeln unter die Eier heben. Öl in Pfanne erhitzen und die Kartoffel-Ei-Wurst-Masse in der Pfanne verteilen. Bei mittlerer Hitze so lange braten, bis das Ei stockt und die Masse fest wird. Dabei immer wieder rütteln, damit die Masse nicht anhängt. Zum Wenden einen großen Teller umgekehrt über die Pfanne geben, beide gut zusammen festhalten, mit einem Schwung um 180 Grad drehen und kurz von der anderen Seite anbraten. Dann die Tortilla wieder aus der Pfanne auf den Teller gleiten lassen und dort in kuchenförmige Stücke schneiden.

Rezept

*Zeit für gutes Brot!
Selbst backen oder
beim traditionell
handwerklich
arbeitenden Bäcker
kaufen - dann
ist Brot auch gut
verträglich.*

ALTBACKENES BROT, BRÖTCHEN & GEBÄCK VERWERTEN

In Deutschland werden jährlich 500.000 Tonnen Brot weggeworfen. Das muss nicht sein. Denn Brot bleibt länger
frisch, wenn man es in einem Tontopf bei Zimmertemperatur lagert und die Schnittfläche mit feuchtem Pergament-
papier bedeckt. Aus altbackenen Brötchen kann man Sem-
melbrösel reiben, altbackenes Brot zu knackigen Croutons
oder beides zu schmackhaften Gerichten wie Oma Charlottes Brotauflauf oder -salat verarbeiten.

Oma Charlottes süsser Brotauflauf

275 G SCHWARZBROT
200 G ZUCKER
750 G ÄPFEL
1 TL ZIMT, GESTRICHEN
1 MSP. NELKE
SAFT UND SCHALE EINER ½ ZITRONE
50 G SCHMALZ (HEUTE BUTTER ODER BUTTERSCHMALZ)

Zubereitung
Das Brot reiben, die Äpfel schälen, entkernen und in Scheiben schneiden. Zucker mit Gewürzen vermischen. Eine Häl-
te der Gewürzmischung zum Brot, die andere Hälfte zu den
Äpfeln geben. Brot und Äpfel lagenweise in einer feuerfes-

ten Form schichten. Zitronensaft und Butterflöckchen darüber geben. ¾ Stunde bei mittlerer Temperatur backen. Dazu schmeckt eine Apfelwein-Schaumsoße oder Vanillesoße.

Hessen-Zabaione

0,5 L APFELWEIN ODER WEIN
50 G ZUCKER
1 PÄCKCHEN VANILLEZUCKER
½ ZITRONE, ABGERIEBEN
1 STÜCK STANGENZIMT
1 NELKE
1 TL STÄRKE
2 EIER

Zubereitung

0,4 l des Apfelweins mit den Gewürzen aufkochen. Den Rest des Apfelweins mit Stärke verrühren und unterheben. Alles aufkochen lassen und vom Herd nehmen. Gewürze entfernen. Eier trennen. In einer Porzellanschüssel die Eigelbe, Vanillezucker und Zucker verquirlen, unter die Soße heben. Zum Schluss Eiweiß steif schlagen und unterziehen.

Rezept

OBST- & GEMÜSERESTE VERWERTEN

Reste von Möhren, Zucchini oder einem Kürbis bieten sich zur Weiterverarbeitung in Kuchen, Tartes und Quiches an oder haben als selbst hergestellte Gewürzmischungen, Chutneys, Ketchup oder vegane Brotaufstriche ihren großen kulinarischen Auftritt. Ich verarbeite Obstreste auch gern zu einem würzig-fruchtigen Chutney. Dafür koche ich Obstreste mit Zucker und Essig ein und würze ganz nach Gusto mit Zimt, Knoblauch, Chili oder Ingwer. Gemüsereste brate ich mit Knoblauch und Öl, die dann als Antipasti eine Scheibe Baguette krönen. Einen ganz anderen Zweck erfüllen Rhabarberblätter. Aus denen mache ich Pflanzendünger.

Rezept

Rhabarbersud

1 KG FRISCHE RHABARBERBLÄTTER
1,5 – 2 L WASSER

Zubereitung

Rhabarberblätter grob zerkleinern. Mit Wasser auffüllen und zugedeckt 24 Stunden ziehen lassen. Am nächsten Tag bei niedriger Temperatur ½ Stunde köcheln lassen. Sud durch ein Tuch abseihen. Brühe unverdünnt entweder als Pflanzendünger oder als Spray gegen Blattläuse verwenden. Die Brühe in eine Spritzflasche füllen und täglich auf die befallenen Blattstellen sprühen. Geht auch mit Brennnesseln.

EINKOCHEN, EINLEGEN, TROCKNEN, PÖKELN, RÄUCHERN

Oma Charlotte hatte viele Techniken für das Haltbarmachen von Lebensmitteln

Um Obst und Gemüse haltbar zu machen, kann man es verarbeiten. Einkochen, einmachen, einlegen, trocknen – so hat Oma Charlotte in der Erntezeit einen leckeren, saisonunabhängigen Vorrat angelegt. Rezepte von Marmeladen, Gelees und Sirups waren ihre wohlbehüteten süßen Geheimnisse. Ein großer Steinguttopf mit Sauerkraut stand immer im kühlen Erdkeller und in den Regalen reihten sich fein säuberlich beschriftete Einmachgläser mit Kirschen, Birnen oder Mirabellen für die Süßmäuler, mit kleinen Gurken, Bohnen oder Roten Beeten für alle die, die es pikanter liebten. Oberstes Gebot beim Haltbarmachen, das Oma immer wieder predigte: „Nur erstklassiges Obst oder Gemüse verwenden und einhundertprozentig sauber arbeiten". Aus ihrem reichen Erfahrungsschatz wusste sie, dass sonst die ganze Arbeit umsonst gewesen sein konnte, weil das Einmachgut sauer werden oder sich Schimmel bilden könnte. Um den Überblick über das Einmachgut zu behalten, wurden alle Gläser mit Inhalt und Datum beschriftet. Diese wurden nach ihrem Einsatz gründlich gespült und für die nächste Erntesaison gelagert. Einfrieren war für meine Großmutter erst möglich, als in den späten 1950er Jahren mit den Dorfgemeinschaftshäusern der Luxus im Dorf Einzug hielt. Denn unter anderen Annehmlichkeiten gab es dort die ersten Gemeinschaftstiefkühlanlagen.

EINKOCHEN

Beeren & Obst werden zu Marmelade, Gelees oder Kompott

Für Marmeladen werden kleingehackte Früchte verwendet, für Gelees nur der Saft. Birnen, Äpfel, Kirschen und Pflaumen eignen sich auch für Kompott. Aus Pflaumen wird Latwerge (Pflaumenmus) gerührt.

Omas Vorratsregale waren wie ein kleines Schlaraffenland.

Das klein geschnittene Obst wird zusammen mit Gelierzucker in einem Topf zum Kochen gebracht. Einige Minuten sollte es dann blubbernd vor sich hin köcheln. Danach kommt das Einmachgut in die in kochendem Wasser desinfizierten Einmachgläser, und wird mit den ebenfalls keimfrei gemachten Deckeln verschraubt. Auch hier gilt: Immer nur mit besten, frischen Früchten und absolut sauber arbeiten! Der süße Brotaufstrich kann sich mehrere Jahre halten. Omas sensationelles Himbeergelee oder das Pflaumenmus haben aber einen Winter nie überstanden ...

WISSENSWERTES FÜRS HERSTELLEN UND HALTBARMACHEN VON GELEES UND MARMELADEN

Geleeprobe: Mit einem Holzlöffel nimmt man etwas Gelee aus dem Topf. Tropft die Masse zäh vom Löffel, kann man sie in Gläser füllen.

Haltbarmachen: Um Schimmelbildung zu vermeiden, legt man auf das gefüllte Gelee- oder Marmeladenglas ein Stück in Alkohol getränktes Cellophan.

Läutern: Dazu kocht man in ⅛ Liter Wasser 500 g Zucker klar.

Mirabellenkompott

1,5 KG MIRABELLEN
1 ZITRONE, DEN SAFT
250 G ZUCKER
¼ L WASSER

Zubereitung
Mirabellen entkernen und waschen. Gut abgetropftes Obst mit einer Nadel anstechen, damit die Haut beim Kochen nicht platzt. Mirabellen in einen Topf geben und mit Wasser auffüllen, bis das Obst bedeckt ist. Gesüßt wird nach der Faustregel: Je reifer das Obst, desto weniger Zucker braucht man. Obst im Kochtopf kurz erhitzen, nach dem Aufkochen den Topf von der Herdplatte nehmen. Früchte herausholen. Frucht- und Zitronensaft noch einmal kurz aufkochen, dann die Früchte dazugeben. Das Kompott kann man gleich verzehren oder noch heiß in die im kochenden Wasserbad sterilisierten Weckgläser füllen. Nach dem Erkalten luftdicht verschließen. Hält dunkel und kühl aufbewahrt mehrere Monate.

Papas Latwerge

Latwerge ist die hessische Bezeichnung für stundenlang im Backofen eingekochtes Mus aus Pflaumen. Aus den Erzählungen meines Vaters kenne ich die aufwändige Herstellung. Zu Oma Charlottes Zeiten wurde das Pflaumenmus in großen Waschkesseln aus Kupfer oder Messing unter stundenlangem Rühren hergestellt. Je länger die Latwerge gerührt wurde, desto dunkler wurde sie. Hier das Rezept meines Vaters, der sozusagen ein Latwerge-Spezialist war.

5 KG ZWETSCHGEN
1–1,5 KG BRAUNER ZUCKER
50 G SCHWARZE SCHOKOLADE
1/2 ZIMTSTANGE
STERNANIS, NACH GESCHMACK

Rezept

Zubereitung

Die Zwetschgen werden gewaschen, entsteint und in einen Bräter gegeben. Anschließend streut man den Zucker darüber und lässt das Ganze über Nacht durchziehen. Am nächsten Tag gibt man die Gewürze und die Schokolade dazu und stellt den Bräter in den auf 150 Grad vorgeheizten Backofen (Ober- und Unterhitze). Dort lässt man das Pflaumenmus 5 bis 6 Stunden langsam köcheln. Bitte nicht umrühren! Nach etwa 5 Stunden prüft man, ob das Pflaumenmus die richtige Farbe und Konsistenz hat. Wenn dem so ist, rührt man die Latwerge um und füllt das Mus in sehr saubere Gläser mit Schraubverschluss oder in Steinguttöpfe. Die Gläser stellt man nun auf den Kopf und lässt die Latwerge abkühlen. Wer alte Steinguttöpfe benutzt, muss sie mit einem in Alkohol getränkten Stück Cellophan und einem Tuch darüber abdecken. Sollte dann aber kühl gelagert und auch zeitnah verbraucht werden.

Einmachen süss-sauer

2 KG FRÜCHTE (KÜRBIS, BIRNEN, ZWETSCHGEN)
1,5 KG ZUCKER
1 TASSE GUTEN ESSIG
1 DAUMENGROßES STÜCK INGWER
1 ZIMTSTANGE
1 PÄCKCHEN EINMACHHILFE

Zubereitung

Alle Zutaten miteinander weichkochen. Die Einmachhilfe dazugeben. Das Einmachgut in sehr saubere Gläser füllen, Gläser gut verschließen, kühl und dunkel lagern.

Omas Zwetschgen in Essig und Zucker

1 KG ZWETSCHGEN
350 G ZUCKER
¾ L WEINESSIG
PRO GLAS ½ – 1 ZIMTSTANGE
PRO GLAS 3 – 4 NELKEN

Zubereitung

Zwetschgen waschen, entstielen, entkernen und mit einer Nadel anstechen. Essig mit Zucker aufkochen. Zwetschgen dazugeben und einige Male aufkochen lassen. Dabei sollte die Haut der Zwetschgen nicht zu sehr aufplatzen. Früchte aus dem Topf nehmen und den Saft unter stetem Rühren reduzieren. Zwetschgen in Gläser füllen, Zimt und Nelke dazugeben und mit Sirup übergießen, bis sie gut bedeckt sind. Einmachgläser luftdicht verschließen, kühl und dunkel aufbewahren.

Rezept

TROCKNEN IST DIE ÄLTESTE
KONSERVIERUNGSMETHODE

Wenn in Oma Charlottes Garten die Erntezeit kam, gab es mehr frisches Gemüse, als die Familie auf einmal essen konnte. Haltbar machen ohne Chemie kann man Obst und Gemüse zum Beispiel, wenn man es trocknet. Wenn also in Ihrer Gefriertruhe der Platz knapp wird, dann probieren Sie es doch einmal mit Trocknen. Die Haltbarkeit entsteht ausschließlich durch den Entzug von Feuchtigkeit an der Luft, im Backofen oder im Dörrautomat. Jedes Gemüse und jedes Obst benötigt beim Trocknen unterschiedliche Temperaturen von etwa 50 bis 80 Grad. Kräuter sind bereits nach einem halben Tag getrocknet. Pilze und Tomaten sind fertig, wenn sie sich ledrig anfühlen. Der Vorteil von Dörrautomat und Backofen: Erster regelt die Temperatur automatisch, beim Backofen kann man sie einstellen. Theoretisch kann jedes Obst und jedes Gemüse getrocknet werden. Pflaumen, Äpfel, Birnen oder Aprikosen sind die beliebtesten süßen Varianten; Möhren, Tomaten, Paprika, Sellerie, Pilze und Zucchini die würzigen. Getrocknetes Gemüse hat eine lange Haltbarkeit. Kühl, trocken und lichtgeschützt aufbewahrt, kann die Jahre betragen. Dann erwacht getrocknetes Gemüse beispielsweise in Suppen zu neuem Leben. Steinpilze oder Champignons haben auch im getrockneten Zustand ihr volles Aroma und bereichern Soßen und Gewürzmischungen mit ihrem intensiven Geschmack.

Obst und Gemüse muss vor dem Trocknen geschält, ggf. entkernt und in sehr dünne Scheiben geschnitten werden. Legt man die Obstscheiben vor dem Trocknen in Zitronensaft ein, verlieren sie nicht ihre Farbe. Dann kann man sie, sind die Temperaturen entsprechend hoch, an der Luft und in der Sonne trocknen. Jedoch ein heikles Unterfangen, besser ist es deswegen, Obst, Gemüse und auch Pilze im Backofen zu trocknen. Dazu legt man Backpapier aufs Blech und bettet die Obst- oder Gemüsescheiben darauf – sie dürfen sich dabei nicht berühren – und dörrt es bei maximal 50 Grad. Während des gesamten Dörr-Vorgangs sollte man die

Ofentür einen Spalt breit offen stehen lassen. Der Dörrautomat bietet den Vorteil, dass er eine Zeitschaltuhr und fertige Programme für verschiedene Obst- und Gemüsesorten hat.

Frische Kräuter von der Wiese und aus dem Garten werden getrocknet.

DAS KRÄUTERBÜNDEL

Die Wiesen rund um Omas Heimatdorf waren ihre Apotheke. Sie wusste, dass man die meisten Kräuter zwischen dem 15. August (Mariä Himmelfahrt) und dem 13. pflücken muss, denn in dieser Zeit haben die Heilkräuter besonders viele heilsame Inhaltsstoffe. Altem Volksglauben zufolge kann man dann die Heilkraft der Kräuter in einem „Kräuterbuschen" konservieren. Sie duften nicht nur wunderbar, sie sollen getrocknet übers Jahr gegen Krankheiten helfen, für eheliches Glück sorgen und einen Abwehrzauber gegen böse Kräfte haben. Je nach Region werden unterschiedlich viele Kräuter, meist in symbolträchtiger Zahl, gebunden. Sieben steht für die Anzahl der Schöpfungstage. 12 für die 12 Apostel. 99 verschiedene Kräuter, die als 33 x 3 für die heilige Dreifaltigkeit stehen, hat selbst Oma Charlotte nicht gefunden. Gängig waren und sind bei Kräuterfrauen noch heute: Königskerze, die Symbolpflanze der Mutter Gottes, Johanniskraut, Schafgarbe, Baldrian, Arnika, Kamille, Wermut und Pfefferminze sind weitere Zutaten. Im herrlichen Ambiente des Klostergartens in Seligenstadt am Main kann man die ganze Pracht der Heilpflanzen und ihrer Wirkung in aller Ruhe studieren.

SELBSTGEMACHTE GETRÄNKE – MIT UND OHNE ALKOHOL

Limo- und Wasserkästen im Getränkemarkt holen? Fehlanzeige, den gab es zu Oma Charlottes Zeiten noch nicht. Sie machte die Limo mit Wiesenkräutern selbst, holte das Wasser kistenweise am versteckt im Wiesengrund liegenden „Sauerborn" und kannte so manches Rezept für Hochprozentiges oder ein leckeres Likörchen.

Rezept

Omas Eierlikör

12 EIER
500 G ZUCKER
1 FLASCHE WEINBRAND/COGNAC
5 – 6 VANILLESCHOTEN

Zubereitung

Die Eier mit dem Zucker sehr schaumig schlagen. Unter ständigem Rühren den Weinbrand hinzugeben. Likör in Flaschen füllen und in jede Flasche eine aufgeschnittene Vanilleschote geben. Eierlikör kalt stellen und öfters schütteln. Hält maximal 2 – 3 Wochen im Kühlschrank. Um die Haltbarkeit zu verlängern, kann man das Eier-, Zucker-, Weinbrand-Gemisch kurz erhitzen. Dabei muss man allerdings sehr aufpassen, dass die Eier nicht stocken.

Omas Angesetzter

1 L HELLEN KORN
250 G ZUCKER
1 TASSE SCHWARZE JOHANNISBEEREN
1 TASSE SCHWARZE KIRSCHEN
4 – 5 STÜCK STERNANIS
1 – 2 STÄNGEL PFEFFERMINZE
2 GRÜNE WALNÜSSE

Zubereitung

Früchte und Gewürze mit dem Korn auffüllen. So bleibt das Gemisch acht Wochen am Fenster stehen. Nach dieser Zeit werden die Zutaten abgesiebt und der „Angesetzte" in eine neue, abgekochte Glasflasche gefüllt. Er sollte möglichst kühl und dunkel aufbewahrt werden.

Oma Charlottes Wiesenlimo

Echtes und Wiesenlabkraut, Holunderblüten, Gundermann, Giersch, Gänseblümchen, Lindenblüten, Schafgarbe, Waldmeister – aus allen essbaren Wildkräutern kann man eine leckere Wiesenlimonade machen. Oma Charlotte kannte sie alle.

1 – 2 HANDVOLL FRISCH GEPFLÜCKTE WILDKRÄUTER (AUS DEM GARTEN SCHMECKEN BESONDERS ZITRONENVERBENE ODER -MELISSE)
1 BIO-ZITRONE, SAFT
1 L APFELSAFT
SPRUDELWASSER, MENGE NACH BELIEBEN
1 – 2 EL HONIG

Zubereitung

Kräuter in einen Krug geben. Zitronen- und Apfelsaft dazugeben. Mit Honig süßen. Im Kühlschrank für einige Stunden ziehen lassen. Am nächsten Tag abseihen und nach Belieben mit Sprudelwasser aufgießen.

Rezept

*Selbst eingelegte
Gurken für saure
Zeiten.*

EINMACHEN

Gurken, Bohnen & anderes Grünzeug

Die heute am bekannteste und populärste Konservierungs-
methode ist das Einwecken. Dafür eignen sich alle Gemüse-
und Obstsorten von Aprikosen bis Zucchini. Bei Oma Charlotte standen nicht nur auf dem Kellerregal fein säuberlich
beschriftete Gläser in Reih und Glied. In allen kühlen Räumen
reihten sich säuberlich verkorkte Flaschen oder hübsch mit
bunten Stoffstücken verzierte Marmeladengläser.

Beim Einwecken sind einige Regeln zu beachten:
1. Man muss auf penible Sauberkeit achten.
2. Weckgläser und Deckel müssen fehlerlos sein.
3. Vor dem Verschließen müssen die Glas- und Deckelrän-
   der mit einem Tuch abgewischt werden, damit sich die
   Gummiringe vollkommen festsaugen können.
4. Aus diesem Grund auch immer neue Gummiringe verwenden.
5. Das Einmachgut darf nur bis 2 Zentimeter unter den
   Rand des Glases reichen.
6. Die geschlossenen Gläser kommen entweder in einen
   mit Wasser gefüllten Einkochtopf, dabei sollten sie zu
   dreiviertel bedeckt sein, oder man verwendet den Backofen.

Oma Charlottes Senfgurken

2 – 3 KG EINMACH-GURKEN
2 EL SALZ
4 – 5 EL SENFKÖRNER
1 EL PFEFFERKÖRNER
2 LORBEERBLÄTTER
4 – 5 NELKEN
1 L WEISSEN ESSIG, AUFGEKOCHT
5 STÄNGEL DILL

Zubereitung

Gurken schälen, entkernen und mit Salz beträufeln. Das Ganze einen Tag stehen lassen. Am nächsten Tag die Gurken abtropfen und mit einem Tuch trocknen. Anschließend in mundgerechte Stücke schneiden. Mit Senf- und Pfefferkörnern sowie einigen Nelken in einem Steinguttopf schichten. Darüber gießt man den aufgekochten und wieder erkalteten Essig. Nach 3–4 Tagen sollte man diesen wieder abgießen und nochmals aufkochen. Nach dem Erkalten kommt er erneut über die Gurken. Diese sollten von der Flüssigkeit ganz bedeckt sein. Den Steinguttopf deckt man mit einem sauberen Tuch ab. Darüber kommt eine runde Holzscheibe oder Schieferplatte. Alles wird mit einem schweren Stein beschwert. So waren die Senfgurken damals nach 6–8 Tagen verzehrfertig. Heute geht das Einmachen etwas einfacher: Man füllt die Gurken nämlich in sterilisierte Einmachgläser, am besten mit Schraubverschluss. Um die Gläser haltbar zu machen, müssen diese einmalig erhitzt werden. Dazu heizt man den Backofen auf 180 Grad vor. Ist die Temperatur erreicht, stellt man die Gläser 10–15 Minuten in den Backofen. Danach platziert man die Gläser auf ein ausgebreitetes Tuch, deckt sie mit einem Handtuch ab und lässt sie so abkühlen. Kühl und dunkel gelagert halten die Senfgurken bis zu 12 Monaten.

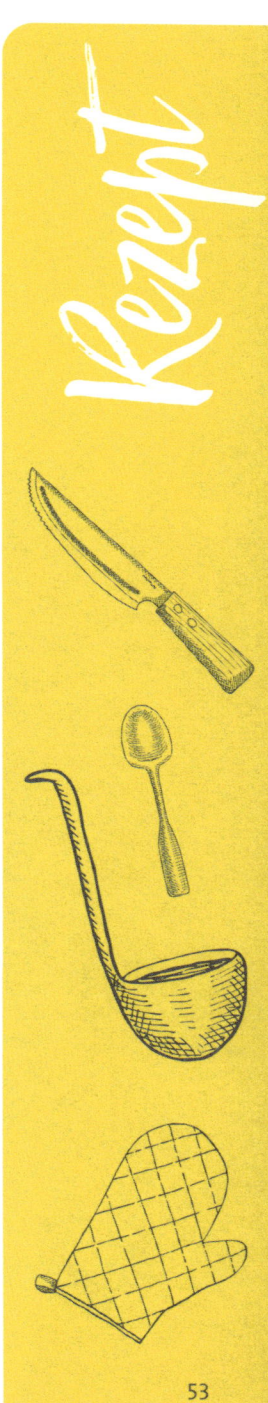

Rezept

MILCHSAURES EINLEGEN

Gemüse durch Milchsäuregärung zu konservieren, ist eine sehr alte Technik. Egal, ob im antiken Griechenland oder im Römischen Reich – gesäuerter Kohl ist seit Jahrhunderten bekannt. Bereits im 7. Jahrhundert soll die koreanische Variante des Sauerkrauts, das Kimchi, entstanden sein. Sauerkraut entsteht aus Weißkraut, einer guten Portion Salz und in einem natürlichen Gärungsprozess. Mit dieser Methode macht man auch Gurken, Bohnen und Paprika haltbar. Das Einlegen ist dabei weniger aufwändig. Kleingeschnittenes Gemüse wird roh in ein Einmachglas gegeben und mit abgekochtem und wieder erkaltetem Salzwasser aufgefüllt.

Sauerkraut

Wie es meine Großmutter zubereitet hat.

1,5 PFUND SAUERKRAUT
1 PFUND SCHWEINEBAUCH ODER RIPPCHEN
100 G SCHWEINESCHMALZ
¼ L WASSER ODER FLEISCHBRÜHE
1 GROSSE ZWIEBEL
1 TL KÜMMEL
6 WACHOLDERBEEREN
2 LORBEERBLÄTTER

Zubereitung

Kraut waschen und gut ausdrücken. Zusammen mit dem Fleisch in einen Topf geben, warmes Wasser oder Fleischbrühe darüber gießen. Zwiebel klein schneiden, andünsten und hinzugeben. Gewürze ebenfalls dazugeben. Alles 1,5 Stunden bei kleiner Hitze weich dünsten. In der Zwischenzeit kontrollieren, ob ausreichend Flüssigkeit im Topf ist. Falls nicht, dann mit etwas warmem Wasser und einem Glas Wein auffüllen.

PÖKELN & RÄUCHERN

Bei Oma Charlotte hing der Himmel nicht voller Geigen, sondern voller Würste. Zumindest in der Räucherkammer und auf dem Dachboden. Hier wurden Schinken, Brat- und Kartoffelwürste, Leber- und Blutwürste geräuchert – was heute neudeutsch „smoken" heißt – oder luftgetrocknet. Sie wurden so haltbar gemacht und erhielten dadurch ihren eigenen typischen herzhaften Geschmack. Zum Räuchern eignet sich im Prinzip jedes Stück vom Schwein, Rind, Lamm und Geflügel. Fisch kann ebenfalls geräuchert werden, jedoch eignet der sich eher zum Heißräuchern. Grundsätzlich kann man auf drei Arten Fleisch- und Wurstwaren haltbar machen: Heißräuchern, Kalträuchern und Lufttrocknen, wobei Smoken aktuell der Hit ist.

Kaltgeräuchert wird bei maximal 30 Grad. In der Räucherkammer verglimmen die Holzspäne nur langsam. Rauch steigt auf. Der lagert sich beim Räuchergut als hauchdünne Schicht an und verursacht chemische Gar-Prozesse, wirkt keimhemmend und tötet Bakterien ab. Im Rauch findet zudem ein Trocknungsprozess statt, durch den das Räuchergut schnittfest wird. Dieser Räuchervorgang kann mehrere Tage bis Wochen dauern.

Heißgeräuchert wird hingegen bei Temperaturen zwischen 60 und 120 Grad. Durch die hohe Temperatur wird das Räuchergut durchgegart.

Lufttrocken ist dem Kalträuchern sehr ähnlich, aber ohne Rauch. In Nordhessen sind die sogenannten „Wurstehimmel" auf gut belüfteten Dachböden bekannt, in denen Schinken und die regionale Spezialität „Ahle Wurst" ihrer Vollendung entgegenreifen.

Räucheröfen für den Hausgebrauch gibt es in verschiedenen Formen und Preislagen von 50 bis 500 Euro. Will man das Smoken erst einmal ausprobieren, dann tut es auch der Kugelgrill. Auch auf dem Gas- oder Elektrogrill kann man smo-

*Rauch verleiht
Fleisch und
Würsten einen
ganz besonderen
Geschmack.*

ken, wenn man das gewässerte Räucherholz in eine separate Räucherbox gibt und auf den Grillrost stellt.

Vor dem Räuchern steht das Pökeln

Auch das Pökeln dient dazu, Fleisch zu konservieren. Außerdem entsteht im gepökelten Fleisch dabei die rötliche Farbe und der typische Pökelgeschmack. Zum Pökeln wird das Fleisch gut gewaschen, trocken getupft, abstehende Fleischteile werden entfernt. Dann gibt es zwei Möglichkeiten: Nass- oder Trockenpökeln. Beim Nasspökeln legt man das Fleisch in eine Salzlauge ein. Beim Trockenpökeln hingegen wird das Fleisch mit einer trockenen Mischung aus Salz und Gewürzen eingerieben. Trockenpökeln ist zwar zeitaufwändiger, verleiht dem Räuchergut aber einen wunderbar würzigen Geschmack. Bei der Pökeldauer gilt: Pro Zentimeter Fleischdicke einen Tag Pökeln. Gemessen wird an der dicksten Stelle. Zum Pökeln muss man eine Salz- und Gewürzmischung herstellen. Faustregel: pro Kilogramm Fleisch 50 g Pökelsalz. Für den Geschmack je eine Messerspitze Kümmel, Pfeffer, Piment, Wacholderbeeren und Koriander zugeben.

Gepökelte Ochsenzunge

Die Ochsenzunge gilt neben Filet und Lende als das vorzüglichste Stück vom Rind. Leider geht das Wissen um die Zubereitung von Innereien immer mehr verloren. Genau deswegen habe ich dieses Rezept meiner Oma Charlotte ausgewählt.

1 OCHSENZUNGE
200 G SALZ
1 TL SALPETER (GIBT'S IN DER APOTHEKE)
½ EL ZUCKER
½ L WASSER

Zubereitung
Salz, Salpeter, Zucker und Wasser aufkochen, dann erkalten lassen. Die Lake über die Zunge gießen und 5–6 Tage zugedeckt dort liegen lassen. Täglich wenden.

Zurichten einer Ochsenzunge

1 FRISCHE OCHSENZUNGE
1 BUND SUPPENGRÜN
1 ZWIEBEL
1 LORBEERBLATT
1 ZITRONE, SCHALE
5 PFEFFERKÖRNER
2 NELKEN
SALZ

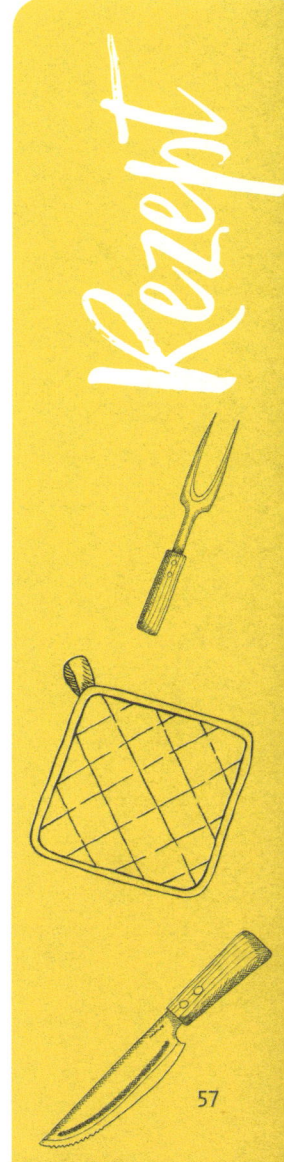

Rezept

Zurichten:

Die frische Zunge mit Salz abreiben, waschen und sehr sorgfältig alles gelbe und schwammige Fleisch entfernen. Zwiebel mit Nelke spicken. Zunge mit Suppengrün und Gewürzen in warmes Salzwasser geben. Bei kleiner Hitze etwa 3 Stunden weich simmern. Anschließend muss die Ochsenzunge sehr heiß gehäutet werden.

Die Brühe kann man zur Zubereitung einer Soße, beispielsweise einer Burgunder- oder Kapernsoße, weiterverwenden.

Beim Trockenpökeln, so wie es Oma Charlotte gemacht hat, wird das Fleisch zuerst nass gepökelt, so wie zuvor beschrieben. Danach muss das Fleisch dabei mit kaltem Wasser gut abgespült, in einen sauberen Behälter gegeben und mit Wasser aufgefüllt werden. Das Fleisch soll dabei ganz bedeckt sein. Nach 24 Stunden wird das Fleisch aus dem Wasser genommen, gut abgetropft und für gut 24 Stunden kühl und trocken aufgehängt. Dazu mit einer Stricknadel vorbohren, dann das Kordel durchziehen. Anschließend wird der Räucherofen oder der Kugelgrill angeworfen. Die Räucherdauer ist von der Dicke des Räucherguts abhängig.

Heute, wo nur noch wenige Haushalte einen kühlen Keller oder luftigen Speicher haben, kann man auch in der Plastiktüte pökeln. Um kleinere Mengen an Fleisch zu pökeln, bereitet man eine Lake aus 250 g Pökelsalz (gibt's beim handwerklich arbeitenden Metzger des Vertrauens) oder einfachem Haushaltssalz zu. Das tut es nämlich auch. Das Fleisch wird damit allerdings nicht so schön rot. Dazu gibt man 1 EL Zucker sowie ½ bis 1 Liter Wasser je nach Größe des Fleischstücks. Gewürze siehe Trockenpökeln! Die Lake wird aufgekocht und stehen gelassen, bis sie wieder ganz abgekühlt ist. Dann kommt das Fleisch in einen ausreichend großen Gefrierbeutel. Darin wird es mit dem Sud aufgefüllt, bis es ganz bedeckt ist. Gefrierbeutel gut mit einer Klammer verschließen und im Gemüsefach des Kühlschranks je nach Größe 4 bis 8 Tage aufbewahren. Beutel in dieser Zeit regelmäßig umdrehen, damit das Fleisch gleichmäßig durchzieht.

Sauerbraten nach Oma Charlotte

1,5 BIS 2 KG RINDERBRATEN (BÜRGERMEISTERSTÜCK ODER
TAFELSPITZ)
750 ML ROTWEIN
250 ML KRÄUTERESSIG
1 SELLERIE
1 ZWIEBEL
4–5 KAROTTEN
2 STÄNGEL LAUCH
3 LORBEERBLÄTTER
8 WACHOLDERBEEREN
1 TL BUNTER PFEFFER
1 TL SENFKÖRNER
1 EL ZUCKER
1 STÜCK LEBKUCHEN
3–4 EL BUTTERSCHMALZ, ZUM ANBRATEN
2–3 EL SCHMAND, ZUM VERFEINERN DER SOßE

Zubereitung
Gemüse grob würfeln. Rotwein und Essig vermischen, die
Gewürze dazugeben. Fleisch in ein passendes Gefäß (z.B.
Bräter) legen, mit der Marinade übergießen und 3–5 Tage
kühl stellen. Das Fleisch in dieser Zeit mehrmals wenden.
Nach dem Bad in der Marinade muss man das Fleisch gut
trockentupfen, die Marinade abseihen. Das Fleisch im Butterschmalz von allen Seiten gut anbraten. Das Gemüse
hinzugeben, kurz mitbraten, dann mit der abgeseihten Marinade nach und nach auffüllen. Den Braten gut zwei Stunden schmoren lassen. Mittlerweile den Lebkuchen in etwas
Rotwein einweichen. Wenn der Braten fertig ist, diesen aus
dem Bräter nehmen und warm stellen. Die Bratenflüssig-
keit mit dem Lebkuchen abbinden, mit Salz und Pfeffer würzen. Soße mit Schmand verfeinern, den Braten in Scheiben
schneiden, in die Soße legen, kurz aufkochen und anschließend servieren. Dazu passen selbstgemachte Kartoffelklöße
oder Knödel.

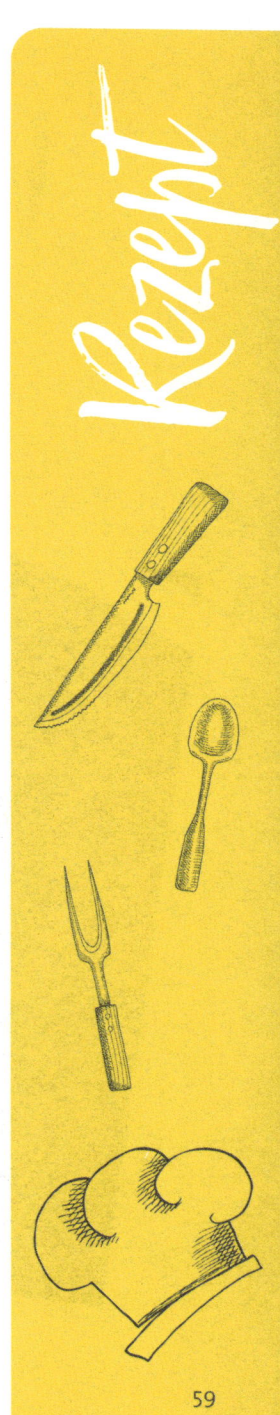

Rezept

Waschen und Putzen

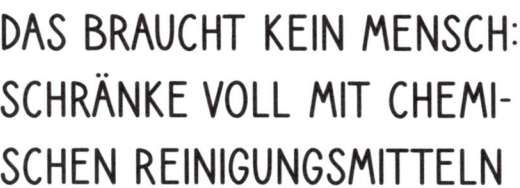

DAS BRAUCHT KEIN MENSCH: SCHRÄNKE VOLL MIT CHEMISCHEN REINIGUNGSMITTELN

GLASREINIGER, BAD- UND WC-REINIGER, SCHEUERMILCH, TEPPICHREINIGER, HAUSHALTSÜBLICHE DESINFEKTIONSMITTEL, WASCHMITTEL UND WEICHSPÜLER, KALKENTFERNER – ALL DIESE AGGRESSIVEN CHEMISCHEN WASCH- UND REINIGUNGSMITTEL BRAUCHT MAN NICHT ZWINGEND. „MAN MUSS NICHT MIT KANONEN AUF SPATZEN SCHIEßEN", WÜRDE MEINE OMA CHARLOTTE ZU DEM HEUTIGEN CHEMISCHEN ARSENAL SAGEN. MIT OMAS KLEINEN HELFERN WIE ESSIG, ZITRONENSÄURE, SPÜLMITTEL, SPIRITUS, SODA UND NATRON KANN MAN FAST ALLE PUTZMITTEL SELBST HERSTELLEN. DAS IST GUT FÜR DIE UMWELT UND DIE EIGENE GESUNDHEIT, WEIL SIE WENIGER AGGRESSIV UND BIOLOGISCH ABBAUBAR SIND UND MAN GELD UND VIEL VERPACKUNGSMÜLL SPART.

OMA CHARLOTTE BEDIENTE SICH BEIM HAUSPUTZ, DEM REINIGEN UND PFLEGEN VON GLAS, GESCHIRR UND HAUSRAT, VON BÖDEN UND FENSTERN, VON KLEIDUNG UND SCHUHEN, VON MÖBELN UND TEPPICHEN, VON BAD UND BETT IN DER SPEISEKAMMER. ZITRONE, SALZ, ESSIG, KAFFEE- ODER BACKPULVER, WALNUSSKERNE – AUCH ABSEITS VON KÜCHE UND KOCHTOPF SIND EINIGE LEBENSMITTEL WAHRE WUNDERMITTEL GEGEN FLECKEN, KRATZER, VERFÄRBTES ODER ANGEBRANNTES, SCHLECHTE GERÜCHE ODER UNLIEBSAME MITBEWOHNER.

OMAS HAUSMITTEL SIND EFFEKTIV UND KOSTENGÜNSTIG

Das Gute daran: Omas altbewährte Hausmittel sind oft viel billiger und dazu ebenso effektiv wie moderne Chemiekeulen im Putzmittelarsenal. Wussten Sie, dass sich Mehl als Poliermittel eignet, eine Mischung aus Zitronensaft und Natron Flecken vieler Arten beseitigt, dass Zitronensaft und Salz ebenfalls ein starkes Team gegen Flecken sind oder dass Essig und Essigessenz Omas kleine Helfer gegen schlechte Gerüche und schmutzige Fensterscheiben waren? Auch sauer gewordene Milch, gebrauchte Teebeutel oder Kaffeesatz erleben ihr großes Comeback als potente Scheuer- und Reinigungsmittel oder Raumluft-Verbesserer.

Keimkiller oder Bazillenschleuder? Desinfizierende Putzmittel sollte man nur in seltenen Fällen im Haushalt benutzen. Denn Bakterien sind für Mensch und Umwelt unverzichtbar: die „guten" sorgen dafür, dass organische Prozesse wie Stoffwechsel und Verdauung funktionieren, sie schützen unsere Haut und halten die schädlichen Bakterien in Schach. Mit Hilfe dieser Mikroorganismen werden aber auch Nahrungsmittel wie Sauerkraut und Käse produziert, Bakterien halten Böden gesund und fruchtbar, zersetzen anorganisches Gestein in wertvolle Pflanzennährstoffe. Die „bösen" Bakterien können allerdings auch krank machen. Sie verursachen beispielsweise Tuberkulose

FINGER WEG! DIESE HAUSHALTSREINIGER SIND LAUT NABU SEHR SCHÄDLICH FÜR DIE UMWELT:

▷ Ätzende WC- und Rohrreiniger
▷ Glaskeramikreiniger: die enthalten Mikroplastikpartikel
▷ WC-Duftsteine: null Wirkung, aber mit jedem Spülvorgang gelangen schädliche Chemikalien in den Abfluss
▷ Ätzende Backofensprays
▷ Desinfektionsmittel töten harmlose Keime ab, dadurch vermehren sich die gefährlichen

oder Blasenentzündungen. Trotzdem sollte man im Haushalt auf Keimfreiheit verzichten. Denn die handelsüblichen Desinfektionsmittel in Haushaltsreinigern gelten laut Verbraucherzentrale „möglicherweise als krebserregend, reizen die Haut, fördern Allergien und sind oft zu niedrig dosiert, um wirklich desinfizierend zu wirken". Mögliche Folgen: die empfindlichen Bakterien werden unschädlich gemacht und die unerwünschten, widerstandsfähigen, gefährlicheren Keime nehmen Überhand. Zudem seien die meisten desinfizierenden Haushaltsreiniger nur schwer biologisch abbaubar, da sie auch die Bakterien in den Kläranlagen schädigen können, so die Bundeszentrale für Umwelt weiter.

ACHTUNG, WEIßER RIESE!

Hochwirksam, aber teils umwelt- und gesundheitsschädlich sind die zahllosen Wasch- und Reinigungsmittel, die täglich in allen Haushalten zum Einsatz kommen. Jährlich werden etwa 630.000 Millionen Tonnen Wasch- und Reinigungsmittel alleine in Deutschland verkauft. Das Bundesamt für Umwelt listet diese folgend auf:

▷ ca. 251.000 Tonnen Weichspüler
▷ ca. 173.000 Tonnen Maschinengeschirrspülmittel
▷ ca. 139.000 Tonnen Handgeschirrspülmittel
▷ ca. 319.000 Tonnen Reinigungs- und Pflegemittel (z. B. Allzweck-, Sanitär-, Glas- und Küchenreiniger)
▷ ca. 60.000 Tonnen Wasch-Additive wie Fleckentferner und Wasserenthärter

Der aus Wasch- und Reinigungsmitteln von privaten Haushalten resultierende Chemikalieneintrag in das Abwasser betrug 2017 ca. 564.554* Tonnen. Davon sind

▷ Tenside: 180.960 Tonnen
▷ Duftstoffe: 10.463 Tonnen
▷ Polycarboxylate: 10.037 Tonnen
▷ Phosphonate: 8.816 Tonnen
▷ Enzyme: 8.430 Tonnen
▷ Soil release polymers: 3.834 Tonnen
▷ Phosphate: 2.471 Tonnen
▷ optische Aufheller: 551 Tonnen
▷ Silikone: 809 Tonnen

*Quelle: Industrieverband Körperpflege und Waschmittel: „Bericht in der Wasch-, Pflege- und Reinigungsmittelbranche in Deutschland Nachhaltigkeit Ausgabe 2019"

OMAS HAUSPUTZ-HELFER AUS DER SPEISEKAMMER

Essig ist ein potentes Reinigungs- und vielseitiges Hausmittel aus der Speisekammer und hat viele Talente: er enthärtet das Wasser, löst Wasch- und Putzmittel- sowie Kalkrückstände. Oma Charlotte hat mit weißem Haushaltsessig beispielsweise Glas streifenfrei geputzt. Wer Essigessenz benutzt, muss einen Teil davon mit vier Teilen Wasser verdünnen. Marmor, Natursteine oder andere kalkhaltige Materialien sollte man nicht mit Essig reinigen. Auch Metalle wie Aluminium und Kupfer nicht. Seine ganze Kraft entfaltet Essig und dessen Essenz als Kalkentferner in Wasserkochern, Kaffeemaschinen, Spülbecken oder sanitären Einrichtungen, wenn man sie damit gründlich reinigt.

Das geht so: Sanitär-Objekte werden großzügig mit einer 1:1-Essiglösung oder 1:9 Essigessenz-Lösung abgewaschen. Diese muss dann kurz einwirken, bevor man mit einem saugfähigen Tuch nachwischt.

Mit denselben Mischungsverhältnissen kann man auch Wasserkocher und Kaffeemaschinen entkalken. Im Wasserkocher die Mischung aufkochen, einwirken lassen und anschließend ordentlich mit klarem Wasser ausspülen. Für Kaffeemaschinen kann man die Mischung wie chemische Entkalker verwenden. Dann blitzt und blinkt es in der Küche.

SALZ

Salz ist bekannt als erste Hilfe bei Rotweinflecken, ist aber auch ein bewährtes Scheuermittel. Oma Charlotte brachte mit Salz die Farben von Teppichen wieder zum Leuchten oder vertrieb damit den Farbgeruch aus frisch gestrichenen Zimmern.

MEHL

Mehl ist ein sanftes Mittel, um empfindliche verchromte Armaturen zu polieren, mit Essig vermischt, bringt es Stahl zum Glänzen.

Selbstgemachter Allzweckreiniger

Die Schalen von Zitrusfrüchten (Zitronen, Orangen, Grape-fruits) in ein verschließbares Glas geben. Mit Haushaltsessig auffüllen und mindestens 14 Tage stehen lassen. Abseihen und Essig mit Wasser verdünnen. Danach in eine Sprühfla-sche füllen. Diese Essig-Wasser-Lösung ersetzt Glasreiniger.

Rezept

DIE GESCHICHTE DER WASCHMITTEL UND SEIFEN

Erste Waschzusätze kannte man bereits bei den Sumerern vor 4.500 Jahren. Zutaten waren Öl und Pottasche. Die alten Ägypter nutzten Natursoda und im antiken Griechenland wurde Wäsche mit Holzasche gewaschen. Die Römer wuschen sich etwa ab dem 2. Jahrhundert n. Chr. mit Seife. Erste feste Seifen stellten ab dem 7. Jahrhundert die Araber her, durch sie kam Seife dann auch nach Spanien. Im Mittelmeerraum waren die Zutaten für die Seifensiederei vorhanden: Olivenöl und Soda, Duftstoffe wie Lavendel. 1324 wird die erste Seifensiederzunft in Augsburg erwähnt. Seifen waren noch bis ins 19. Jahrhundert ein Luxusgut. Erst zu Beginn des 19. Jahrhunderts entstand auch bei uns ein besseres Verständnis für Hygiene, und die industrielle Seifenproduktion begann. Das klassische Seifenstück avancierte zu einem Verkaufsschlager. Ab 1990 eroberten zunehmend Flüssigseifen den Markt, dabei sind Seifenstücke im Vergleich bei den Kosten und der Umweltverträglichkeit deutlich im Vorteil.

Soda, Kernseife und ein bisschen Waschpulver – mehr brauchte meine Großmutter nicht, um die Wäsche der ganzen Familie zu waschen.

Zurück zum Waschmittel! Das erste aus geriebener Seife und Wasserenthärter konnte man 1880 kaufen. 1907 brachte der Kaufmann Fritz Henkel ein Waschmittel auf den Markt, das Seife, Soda sowie Perborat und Silikat als Bleichmittel enthielt. Der Name: Persil. In heutigen Waschmitteln sind weitere Zusätze wie Enzyme, optische Aufheller und vor allem Tenside enthalten, die die Oberflächenspannung des Wassers verringern. Tenside können Haut und Schleimhäute austrocknen oder reizen und sie anfällig für Allergien und Ausschläge machen. Auch für Wasserorganismen können sie schädlich sein.

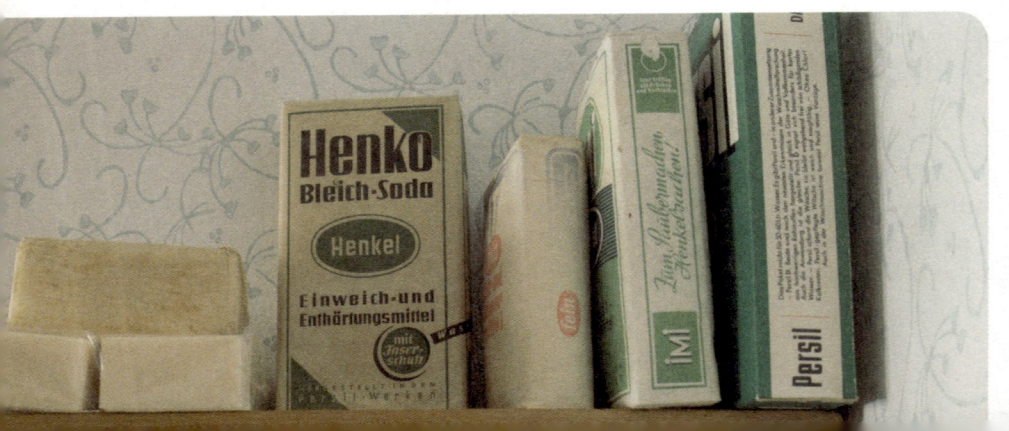

OMAS WASCH-HACKS, UM WÄSCHE UND HEIMTEXTILIEN ZUM STRAHLEN ZU BRINGEN

MEINE MUTTER ERZÄHLTE OFT, WIE SCHWER UND KÖRPERLICH ANSTRENGEND SICH WASCHTAGE OHNE WASCHMASCHINE BIS IN DIE 1950/1960ER JAHRE GESTALTETEN. DIE WÄSCHE WURDE AM ABEND VOR DEM WASCHTAG EINGEWEICHT UND AM NÄCHSTEN TAG IN MEHREREN WASCHGÄNGEN IN EINEM BOTTICH MIT KOCHENDEM WASSER GESTAMPFT, AUSGEKOCHT, IMMER WIEDER MIT DEN HÄNDEN GESCHRUBBT UND AM ENDE AUSGEWRUNGEN. DOCH DIE HISTORISCHEN HAUSFRAUEN HATTEN SO IHRE TRICKS, UM WÄSCHE UND HEIMTEXTILIEN SAUBER UND REIN ZU BEKOMMEN.

BORAX

BORAX IST EIN MINERAL, DAS IN DER NATUR IN AUSGETROCKNETEN SALZSEEN UND VULKANSCHLOTEN VORKOMMT. IM HAUSHALT DIENT ES ALS UNIVERSELLES BLEICH- UND REINIGUNGSMITTEL. LÖST MAN ES IN WASSER, ENTSTEHT EINE MILDE, ALKALISCHE, DESINFIZIERENDE LÖSUNG, DIE SICH HERVORRAGEND ZUM PUTZEN, ZUR DESINFEKTION UND WIRKSAMEN SCHIMMELBESEITIGUNG EIGNET. DAS IN VERGESSENHEIT GERATENE MITTEL IST EIN TAUSENDSASSA, DENN ES ERSETZT AUCH DEN CHEMISCHEN WEICHSPÜLER UND VERTREIBT ZUDEM UNKRAUT UND UNGEZIEFER.

▷ MIT HELLEM HAUSHALTSESSIG ODER VERDÜNNTER ESSIGESSENZ KANN MAN DEN WEICHSPÜLER ERSETZEN. BEI JEDEM WASCHGANG EINEN KLEINEN SCHUSS INS SPÜLFACH GEBEN. POSITIVER NEBENEFFEKT: AUCH AUS DER TROMMEL WERDEN RÜCKSTÄNDE VON WASCHMITTELN UND KALK ENTFERNT. DIE WASCHMASCHINE STRAHLT.

▷ FARBEN LEUCHTEN NACH DER WÄSCHE, WENN MAN SIE VOR DEM WASCHEN IN HEIßEM WASSER MIT EINER HALBEN TASSE ESSIG EINWEICHT.

▷ FLECKEN KANN MAN MIT HILFE VON ESSIG ENTFERNEN, INDEM MAN DIE FLECKEN VOR DEM WASCHEN DAMIT BESPRÜHT UND 10 – 15 MINUTEN EINWIRKEN LÄSST.

▷ AUCH GALLSEIFE IST EIN FLECKENTEUFEL. SIE BESTEHT AUS KERNSEIFE UND RINDERGALLE. ES GIBT GALLSEIFE FLÜSSIG ODER FEST. SIE IST EIN BEWÄHRTES HAUSMITTEL ZUR BEHANDLUNG VON FETT, BLUT-, STÄRKE- UND OBSTFLECKEN.

▷ WOLLE BLEIBT IN FORM, WENN MAN DEM WOLLWASCHMITTEL EINEN SCHUSS GLYZERIN ODER BORAX BEIFÜGT.

▷ SATIN BEHÄLT SEINEN GLANZ, WENN MAN DEM LETZTEN SPÜLWASSER ETWAS BORAX BEIGIBT.

▷ LIPPENSTIFTFLECKEN BETUPFT MAN MIT GLYZERIN UND WÄSCHT DIE BETROFFENE STELLE DANACH GRÜNDLICH AUS.

▷ OBSTFLECKEN BEKOMMT MAN MIT ZITRONENSAFT HERAUS. DANACH MIT SEIFENWASSER AUSWASCHEN. BEI SEIDE UND SYNTHETIKSTOFFEN HILFT HINGEGEN WARMES BORAX-WASSER GEGEN OBSTFLECKEN.

▷ FÜR DEN RICHTIGEN STAND VON GARDINEN KANN MAN EINE ZUCKERLÖSUNG (1 TEIL ZUCKER, 3 TEILE HEISSES WASSER) IN DEN SPÜLGANG GEBEN ODER DIE GARDINEN NACH OMA CHARLOTTES ART IM KOCHWASSER VON REIS SPÜLEN.

▷ DEN „GILB" VERTREIBT MAN AUS GARDINEN, INDEM MAN DIE MENGE DES WASCHMITTELS HALBIERT UND DAFÜR EIN PÄCKCHEN BACKPULVER ODER NATRON IN DEN WASCHGANG GIBT.

▷ NATRON ENTHÄRTET KALKHALTIGES WASSER. NIMMT MAN NATRIUMHYDROGENCARBONAT ALS UMWELTFREUNDLICHE ALTERNATIVE ZU HERKÖMMLICHEN WEICHSPÜLERN, LÖST MAN 2 TEELÖFFEL DAVON IN 100 ML WASSER AUF UND GIBT DIE MISCHUNG INS SPÜLFACH.

▷ ZITRONENSAFT UND SALZ SIND EIN POWERTEAM, UM FLECKEN AUF WEISSEN KLEIDUNGSSTÜCKEN ZU ENTFERNEN. BEIDE ZUTATEN MITEINANDER VERMISCHEN UND AUF DEN FLECK AUFTRAGEN. NACH 30 MINUTEN EINWIRKZEIT WIRD DIE PASTE MIT WARMEM WASSER AUSGESPÜLT UND WIE GEWOHNT IN DER WASCHMASCHINE GEWASCHEN. GLEICHES GILT FÜR TINTENFLECKE.

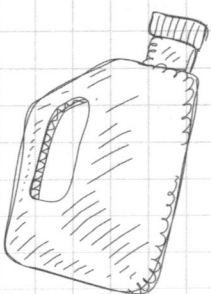

▷ ROSSKASTANIEN STATT WEIßER RIESE: ROSSKASTANIEN ENT-
HALTEN VIELE SAPONINE, DESWEGEN KANN MAN AUS ROSS-
KASTANIEN EIN WIRKSAMES, KOSTENLOSES, BIOLOGISCHES
WASCHMITTEL SELBST HERSTELLEN. UND DAS GEHT SO: 5 – 8
ROSSKASTANIEN SAMMELN UND ZERKLEINERN. ZUSAMMEN
MIT 300 ML WASSER IN EIN GLAS GEBEN UND ÜBER NACHT
STEHEN LASSEN. SCHÜTTELT MAN DAS GLAS, BEMERKT MAN
BEREITS NACH EINER STUNDE DIE TYPISCHE, SEIFENARTIGE
SCHAUMBILDUNG. AM NÄCHSTEN TAG IN EIN SAUBERES GLAS
ABSEIHEN UND WIE GÄNGIGES WASCHMITTEL VERWENDEN.
GANZ EILIGE KÖNNEN DIE ZERKLEINERTEN ROSSKASTANIEN
AUCH MIT WASSER AUFKOCHEN, DANN 15 MINUTEN KÖCHELN
LASSEN UND ABSEIHEN.

*Frischer Wind und
Sonnenschein,
dann duftet die
Wäsche fein.*

OMAS PUTZ-HACKS FÜR GLÄNZENDE ARMATUREN, BECKEN & WANNEN

▷ FINGERABDRÜCKE SOWIE KALK- UND WASSERFLECKEN AUF GLÄNZENDEN OBERFLÄCHEN KANN MAN MIT EINER AUFGE-SCHNITTENEN ZITRONE BESEITIGEN. DAZU REIBT MAN DIE VERSCHMUTZTEN STELLEN MIT DER INNENSEITE EINER AUFGE-SCHNITTENEN ZITRONE EIN UND POLIERT DIESE ANSCHLIESSEND MIT EINEM WEICHEN TUCH. MIT KARTOFFELSCHALEN ERZIELT MAN DENSELBEN EFFEKT.

▷ KALKRÄNDER IN DER WANNE, DER DUSCHE ODER IM WASCHBE-CKEN BESEITIGT MAN MIT EINER MISCHUNG AUS WASSER UND ESSIGESSENZ.

▷ ABLAGERUNGEN AN KACHELN BESEITIGT MAN MIT EINER MISCHUNG AUS WASSER UND SALMIAKGEIST. ZUM POLIEREN NIMMT MAN FENSTERLEDER ODER ZEITUNGSPAPIER.

▷ BESONDERS GLÄNZEND WERDEN FLIESEN, WENN MAN SIE MIT ETWAS LEINÖL ABREIBT.

▷ BEI HARTNÄCKIGEN ABLAGERUNGEN IN DER TOILETTE WIE KALK UND URINSTEIN HILFT EINE STARKE ESSIGLÖSUNG, DIE ÜBER NACHT EINWIRKEN MUSS. ALTERNATIV EINE MISCHUNG AUS BORAX UND ZITRONENSAFT. LETZTERE BRAUCHT NUR EINE STUNDE – UND DANN MUSS MAN SCHRUBBEN.

▷ ABLAGERUNGEN AN FLIESENFUGEN SIND UNSCHÖN UND BILDEN DEN NÄHRBODEN FÜR SCHIMMEL UND PILZE. DAGEGEN HILFT BACKPULVER. MAN RÜHRT ES MIT LAUWARMEM WASSER ZU EINER STREICHFÄHIGEN PASTE, DIE MAN AUF DIE FUGEN AUFTRÄGT UND NACH 60 MINUTEN EINWIRKZEIT MIT LAUWAR-MEM WASSER ABSPÜLT.

▷ ARMATUREN AUS CHROM BLEIBEN GLÄNZEND UND SAUBER, WENN MAN SIE HIN UND WIEDER MIT VASELINE EINREIBT, DANN MIT WARMEM WASSER ABSPÜLT UND MIT EINEM WEI-CHEN TUCH TROCKEN POLIERT. DAS GEHT ÜBRIGENS AUCH MIT EINEM MIT MEHL BESTÄUBTEN TROCKENEN TUCH.

▷ KÄMME UND BÜRSTEN WERDEN RUCKZUCK SAUBER, WENN MAN SIE MIT RASIERSCHAUM EINSPRÜHT. SCHAUM EINIGE MINUTEN EINWIRKEN LASSEN UND DANN ABWASCHEN.

KAFFEESATZ & CO:
OMAS LIFEHACKS GEGEN ÜBLE GERÜCHE

▷ KAFFEESATZ IST EIN VIELSEITIGER HAUSHALTSHELFER UND VIEL ZU SCHADE ZUM WEGWERFEN. SEINE OBERFLÄCHEN-STRUKTUR ZIEHT GERUCHSMOLEKÜLE AN. DESWEGEN LASSEN SICH MIT KAFFEESATZ UNLIEBSAME GERÜCHE NEUTRALISIE-REN. DANACH TAUGT ER NOCH ALS DÜNGER FÜR BALKON- UND GEMÜSEPFLANZEN ODER VERTREIBT SCHÄDLINGE AUS DEM BEET.

▷ KAFFEESATZ MACHT DEN KÜHLSCHRANKINNENRAUM GE-RUCHSNEUTRAL, WENN MAN EIN SCHÄLCHEN MIT TROCKENEM KAFFEESATZ FÜR MINDESTENS 24 STUNDEN HINEIN STELLT.

▷ DER SCHUHSCHRANK MÜFFELT? AUCH HIER HILFT TROCKENER KAFFEESATZ. DIESEN IN EINEN KLEINEN, LUFTDURCHLÄSSI-GEN BEUTEL GEBEN UND WAHLWEISE IN DEN SCHUHSCHRANK LEGEN ODER DIREKT IN DIE SCHUHE STECKEN.

▷ IM AUTO KANN MAN SICH SYNTHETISCHE LUFTERFRISCHER SPA-REN, WENN MAN EIN DÖSCHEN MIT KAFFEEPULVER IM BECHER-HALTER DEPONIERT. ALTERNATIV BESTREUT MAN DIE SITZE MIT NATRON, LÄSST DAS ÜBER NACHT EINWIRKEN UND SAUGT DIE SITZE AM NÄCHSTEN TAG AB.

Kaffeesatz ist zum weg werfen viel zu schade, denn er ist als Raumerfrischer und Dünger gut zu gebrauchen.

DIE WUNDERMITTEL BACKPULVER, NATRON UND SODA

Backpulver hat nahezu jede Hausfrau vorrätig im Küchenschrank. Aber es taugt nicht nur als Backhilfe für Kuchen, sondern hat auch eine durchschlagende Reinigungskraft.

Natron (Natriumhydrogencarbonat) ist ein altes Hausmittel mit vielfältigen Anwendungsmöglichkeiten. Es wird in Deutschland auch unter den Namen Speisesoda, Speisenatron, Backsoda oder Backnatron angeboten. Soda kann man in Kombination mit Wasser und etwas geriebener Kernseife sowie einem Spritzer Zitronensaft zu einer universell einsetzbaren, preiswerten Wunderwaffe gegen Flecken, Krusten und Angebranntes verwandeln. Natron, meist als Kaisernatron (250 g zu 1,50 Euro) oder Bullrich-Salz (200 g zu 2,50 Euro) angeboten, gibt's in größeren Packungen (bis fünf Kilogramm) in Drogerien, Reformhäusern und Apotheken. Neuerdings auch in Unverpacktläden.

Allzweckreiniger mit Natron

2 TL NATRONPULVER UND 2 TL FEIN GERASPELTE KERNSEIFE IN 500 ML WARMEM WASSER AUFLÖSEN UND EINEN SPRITZER ZITRONENSAFT DAZUGEBEN. FERTIG!

Achtung!
Von der Zugabe von ätherischen Ölen wie Zitrusöl für den Duft bei selbstgemachten Reinigern raten Umweltorganisationen wie BUND oder NABU ab. Denn die Reiniger gelangen ins Abwasser. Auch das Bundesumweltamt bewertet Zitrusöl als toxisch. Denn der enthaltene Stoff Limonen kann Allergien auslösen und ist sehr giftig für Wasserorganismen. Deshalb sollte es auch in biologischen Reinigern nicht verwendet werden.

OMAS PUTZ-HACKS GEGEN KRUSTEN & ANGEBRANNTES

IST DAS UNGLÜCK PASSIERT UND ZUCKER, FRUCHTSAFT, KÄSE ODER KUCHEN HABEN IHRE SPUREN AUF DEM BACKBLECH ODER GAR IM BACKOFEN HINTERLASSEN, GALT BEI OMA CHARLOTTE: UMSO SCHNELLER MAN DEM MALHEUR ZU LEIBE RÜCKT, DESTO EINFACHER LASSEN SICH KRUSTEN UND ANGEBRANNTES ENTFERNEN.

▷ ZUR REINIGUNG EINES VERSCHMUTZEN BACKOFENS VERMISCHT MAN NATRON UND WASSER IM VERHÄLTNIS 1:1. MIT DIESER PASTE WERDEN DIE VERSCHMUTZTEN STELLEN EINGERIEBEN, DANN ÜBER NACHT EINWIRKEN LASSEN. AM NÄCHSTEN TAG KANN MAN DIE PASTE UND DEN SCHMUTZ MIT EINEM SCHWAMM LEICHT ENTFERNEN.
▷ AUCH MIT SALZ KANN MAN BACKÖFEN UND -BLECHE REINIGEN. VERSCHMUTZTE STELLEN WERDEN MIT EINEM LAPPEN

BEFEUCHTET UND MIT REICHLICH SALZ BESTREUT. DANACH ERHITZT MAN DEN OFEN AUF 50 GRAD UND SOBALD DAS SALZ BRAUN GEWORDEN IST, WIRD DER OFEN AUSGESCHALTET. DAS SALZ DARIN ABKÜHLEN LASSEN UND ZUM SCHLUSS AUS DEM OFEN KEHREN.

▷ LÄSTIGEN KESSELSTEIN IN TÖPFEN ENTFERNT MAN MÜHELOS MIT ESSIG. DAZU ESSIG IN DEN TOPF FÜLLEN, SODASS DER BODEN GUT BEDECKT IST. EINIGE TAGE STEHEN LASSEN, DANN AUSSPÜLEN.

▷ EIN IN ESSIG GETAUCHTES BAUMWOLLTUCH ÜBER NACHT AUF DIE KRUSTE GELEGT, ERLEICHTERT EBENFALLS DAS ENTFERNEN VON ANGEBRANNTEM IM BACKOFEN UND IN TÖPFEN.

▷ KRUSTEN AUF HERDPLATTEN LASSEN SICH MIT BACKPULVER ENTFERNEN. DAZU STREUT MAN BACKPULVER AUF DIE LEICHT ERWÄRMTE HERDPLATTE UND WISCHT ES NACH KURZER EINWIRKZEIT WEG.

▷ POWERTEAM FÜR FREIE ABFLÜSSE: 2 TEELÖFFEL NATRON IN DEN AUSGUSS STREUEN UND EINE HALBE TASSE ESSIG HINTERHER SCHÜTTEN. DER ESSIG REAGIERT MIT DEM NATRON, ES FÄNGT AN ZU BLUBBERN UND DIE VERSCHMUTZUNGEN IM ROHR LÖSEN SICH. NACHSPÜLEN MIT KLAREM WASSER NACH ETWA 15 MINUTEN NICHT VERGESSEN.

Schrubben statt Chemie!

BESEN, BÜRSTEN, FENSTERLEDER & ZEITUNGSPAPIER

Fegen, feucht wischen, ausklopfen, abstauben, polieren, schrubben – das waren die Grundreinigungstechniken im historischen Haushalt. Staubsauger, Saugroboter und elektrische Scheibenputzgeräte erleichtern der Hausfrau heute das Leben deutlich. Trotzdem braucht man hier und da den guten, alten Besen ebenso wie das Fensterleder, eine Scheuer- oder mehrere Schuhbürsten sowie einen Staubwedel. Verwendet man nämlich das richtige Putzwerkzeug, kann man viel an Putzmitteln sparen.

OMAS PUTZ-HACKS FÜR TRADITIONELLE PUTZGERÄTE

STATT VIEL HILFT VIEL – DAS GILT ÜBRIGENS AUCH BEI UMWELT-FREUNDLICHEN ODER SELBST HERGESTELLTEN ÖKO-PUTZ- UND WASCHMITTELN –, LAUTETE DAS MOTTO BEI OMA CHARLOTTE SCHRUBBEN. DENN MIT DEN RICHTIGEN UTENSILIEN WIE BESEN, BÜRSTEN, FENSTERLEDER UND DEM GUTEN ALTEN ZEITUNGS-PAPIER BEKOMMT MAN DEN SCHMUTZ AUCH WEG. WEICHT MAN GETROCKNETE FLECKEN GLEICH EIN, LASSEN SIE SICH BESSER ENTFERNEN.

▷ DAMIT MAN LANGE FREUDE AN EINEM NEUEN BESEN HAT, SOLLTE MAN IHN VOR DEM ERSTEN GEBRAUCH FÜR KURZE ZEIT IN SALZWASSER STELLEN.
▷ BESEN SOLLTEN HÄNGEN, NIEMALS AUF DEN BORSTEN STE-HEN.
▷ FENSTERLEDER WERDEN NICHT HART, WENN MAN SIE NACH GEBRAUCH IN WASSER MIT EINEM TL SALZ AUSWÄSCHT UND AN DER LUFT TROCKNEN LÄSST.
▷ ZUM ABSTAUBEN MUSS MAN KEINEN STAUBWEDEL ANSCHAF-FEN, EINE ALTE, SAUBERE SOCKE TUT ES AUCH. DIE ZIEHT MAN SICH ÜBER DIE HAND UND WISCHT DAMIT ALLES AB, WAS STAUBIG IST.

DER FENSTERPUTZ: OMAS PUTZ-HACKS FÜR STREIFENFREIE SAUBERKEIT

EINE STUDIE VON TESTBERICHT.DE, ERHOBEN 2019, ERGAB, DASS 70 PROZENT DER DEUTSCHEN BEIM FRÜHJAHRSPUTZ DIE FENSTER GRÜNDLICH REINIGEN. DAFÜR FINDET MAN ZAHLREICHE CHEMISCH BELASTETE GLASREINIGER IN DEN REGALEN VON SUPERMÄRKTEN UND DROGERIEN, DIE STREIFENFREIE SICHT GARANTIEREN SOLLEN.

▷ FÜR KLARE SICHT SORGT FRISCH AUFGEBRÜHTER SCHWARZTEE MIT EINEM SCHUSS FRISCHEM ZITRONENSAFT. DIE GERBSTOFFE IM TEE VERHINDERN SCHNELLES NACHSCHMUTZEN UND DIE ZITRONENSÄURE WIRKT GEGEN KALK. ZUM TROCKNEN DER FENSTER HAT OMA CHARLOTTE ZEITUNGSPAPIER BENUTZT.

▷ OMA CHARLOTTE HAT FENSTER NIE BEI SONNENSCHEIN GEPUTZT. IN DER SONNE WÜRDEN DIE SCHEIBEN ZU SCHNELL TROCKNEN UND ES BLIEBE KAUM ZEIT, UM NACHZUPOLIEREN. DIE FOLGE: STREIFEN.

▷ GEGEN IMMER WIEDER AUFTAUCHENDE SCHLIEREN HILFT EIN SCHUSS ESSIG IM FENSTERPUTZWASSER.

▷ BEI HARTNÄCKIGEM SCHMUTZ KAM EINE AUSRANGIERTE STRUMPFHOSE ZUM EINSATZ, DENN MIT DER KANN MAN SCHMUTZ LEICHT VON DEN SCHEIBEN ENTFERNEN.

▷ BLINDE FENSTER- UND ANDERE SCHEIBEN WERDEN WIEDER KLAR, WENN MAN SIE MIT SPEISEÖL BESTREICHT. DAS MUSS DANN EINE STUNDE EINWIRKEN, ANSCHLIESSEND KANN MAN DIE SCHEIBE MIT WEICHEM PAPIER ABREIBEN UND DANACH WIE GEHABT PUTZEN.

TÖPFE, GESCHIRR, GLÄSER & BESTECKE

Mit nichts putzt man besser als mit der Zeitung von gestern!

FÜR GLÄNZENDES KÜCHENINVENTAR, SCHMUCK UND METALLENE DEKORATIONSGEGENSTÄNDE HATTE OMA CHARLOTTE EINIGE PUTZ-HACKS PARAT.

▷ ANGELAUFENES TAFELSILBER LÄSST SICH MIT HEIßEM WASSER, IN DEM VORHER KARTOFFELN GEKOCHT WURDEN, REINIGEN. DAS BESTECK EINIGE ZEIT DARIN LIEGEN LASSEN, DANN MIT HEIßEM WASSER GRÜNDLICH ABSPÜLEN UND MIT EINEM LAPPEN TROCKEN REIBEN UND POLIEREN.

▷ MIT ETWAS ZAHNPASTA AUF EINEM WATTEBAUSCH ODER EINER ZAHNBÜRSTE WIRD SILBER BLITZBLANK. ZAHNPASTA AUF BESTECK EINMASSIEREN, HEIß SPÜLEN UND GRÜNDLICH TROCKEN POLIEREN.

▷ OMA CHARLOTTES BEVORZUGTER HAUSHALTSTRICK: ANGELAU-FENES BESTECK AM BESTEN ÜBER NACHT IN BUTTERMILCH LEGEN, AM NÄCHSTEN TAG GRÜNDLICH ABSPÜLEN UND MIT EINEM WEICHEN TUCH TROCKEN POLIEREN.

▷ DIE GLEITFLÄCHE VON BÜGELEISEN WIRD WIEDER BLANK UND GLEITET BESSER, WENN MAN DIESE AUF EINEM MIT ESSIG GETRÄNKTEN LAPPEN ABREIBT.

▷ GLASGEFÄßE KANN MAN MIT REIS REINIGEN. DAZU FÜLLT MAN ETWA BIS ZUR HÄLFTE WASSER, DANN ETWAS REIS IN DIE FLASCHE. ANSCHLIEßEND DIE ÖFFNUNG MIT DER HAND ZUHALTEN UND KRÄFTIG DURCHSCHÜTTELN. TURBO: WENN MAN BACKPULVER DAZUGIBT.

▷ TRÜBE GLÄSER WERDEN WIEDER KRISTALLKLAR, WENN MAN SIE MIT ZITRONENSCHALE ABREIBT.

BÖDEN AUS HOLZ UND NATURSTEINEN

SIE WOLLEN AUF DEM FUSSBODEN ESSEN KÖNNEN? DANN HELFEN OMA CHARLOTTES HAUSMITTEL UND PUTZ-HACKS WEITER.

▷ PARKETT ÖFTER KEHREN ALS WISCHEN!
▷ VOR DEM WISCHEN IMMER KEHREN, DAMIT KLEINE SCHMUTZ-PARTIKEL BEIM PUTZEN NICHT IN DAS PARKETT EINGERIE-BEN WERDEN. PARKETT MAG KEIN WASSER, DESWEGEN NUR NEBELFEUCHT, NICHT NASS WISCHEN.
▷ ABSATZSPUREN KANN MAN MIT EINEM RADIERGUMMI WEGRA-DIEREN.
▷ UNBEHANDELTES HOLZ HAT OMA CHARLOTTE HIN UND WIEDER MIT LEINÖL ODER BIENENWACHS BEHANDELT, UM ES ZU IMPRÄGNIEREN.
▷ NATURSTEINBÖDEN UND –ARBEITSFLÄCHEN VERTRAGEN KEINE SÄUREHALTIGEN MITTEL. EINE PASTE AUS WASCHBENZIN UND SCHLÄMMKREIDE WAR FÜR OMA DAS REINIGUNGSMITTEL IHRER WAHL.
▷ TALKUMPUDER EIGNET SICH ZUR PFLEGE VON GUMMIDICH-TUNGEN, LÄSST KNARRENDE HOLZBÖDEN VERSTUMMEN UND MACHT KLEMMENDE HOLZSCHUBLADEN WIEDER GÄNGIG.

Ein guter „Feudel" wischt so sauber, dass man vom Fußboden essen kann.

TAPETEN & TEPPICHE

Schlagkraft beweist die Hausfrau beim Teppich klopfen wie in alten Tagen.

WICHTIGSTE REGEL BEI TEXTILIEN, ALSO AUCH BEI TEPPICHEN: FLECKEN NICHT EINTROCKNEN LASSEN! VERSCHÜTTETE FLÜSSIGKEITEN IMMER SOFORT MIT EINEM SAUGFÄHIGEN TUCH AUFNEHMEN UND ZWAR VON AUSSEN NACH INNEN, DAMIT SICH DIE FLÜSSIGKEIT NICHT WEITER VERTEILEN KANN.

▷ ENTSTAUBEN VON WÄNDEN STAND BEI OMA CHARLOTTE TURNUSMÄSSIG AUF DEM HAUSPUTZ-PROGRAMM. DAZU EIN SAUBERES, WEICHES TUCH ÜBER DEN BESEN ODER DIE BÜRSTE LEGEN UND DAMIT FLÄCHEN UND ECKEN ABFAHREN. VORSICHTIG, DAMIT DER STAUB NICHT IN DIE TAPETE GERIEBEN WIRD.
▷ UNSCHÖNE RÄNDER AUF TAPETEN BESEITIGT MAN MIT EINEM RADIERGUMMI.
▷ FLECKEN KANN MAN BEHUTSAM MIT EINEM MIT WASCHBENZIN GETRÄNKTEN WATTEBAUSCH BEHANDELN.
▷ BEI HARTNÄCKIGEN FLECKEN STELLTE OMA CHARLOTTE EINE MILDE SEIFENLAUGE AUS KERNSEIFE UND WASSER HER. ESSIG IST BEI WOLL- UND SEIDENSTOFFEN UND –TEPPICHEN TABU,

WEIL SIE EIWEIßE ENTHALTEN UND DESHALB KEINE SÄURE VERTRAGEN.

▷ GEGEN WACHS- UND FARBFLECKEN, BESONDERS VON LACKEN UND ÖLFARBEN, HILFT AUSBÜGELN. DAZU LEGT MAN EIN LÖSCHBLATT ÜBER DEN FLECK UND BÜGELT MIT DEM WARMEN BÜGELEISEN DARÜBER, DAS LÖSCHBLATT SAUGT DIE FLÜSSIGEN BESTANDTEILE AUF. DEN VERBLEIBENDEN FETTFLECK KANN MAN MIT SPIRITUS UND EINEM WEICHEN LAPPEN AUFNEHMEN.

▷ VERKLEBTER KAUGUMMI ODER VERSCHÜTTETES WACHS LÄSST SICH MIT EIS ENTFERNEN. DAZU EISWÜRFEL ODER EINE PACKUNG TIEFKÜHLKOST AUF DEN FLECK PRESSEN. DURCH DIE KÄLTE WERDEN KAUGUMMI UND WACHS BRÖCKELIG UND KÖNNEN MIT DER MESSERSPITZE ABGEKRATZT WERDEN.

▷ UNSCHÖNE ABDRÜCKE VON MÖBELN AUF TEPPICHEN KANN MAN MIT DEM DAMPFBÜGELEISEN ENTFERNEN. DAZU EIN FEUCHTES TUCH AUF DEN ABDRUCK LEGEN UND MIT DEM EISEN DARÜBER BÜGELN. MIT DEM DAMPFBÜGELEISEN AUF ETWA 2 CM ABSTAND DÄMPFEN.

Hausmittelchen bringen ihr Schätzchen auf Hochglanz.

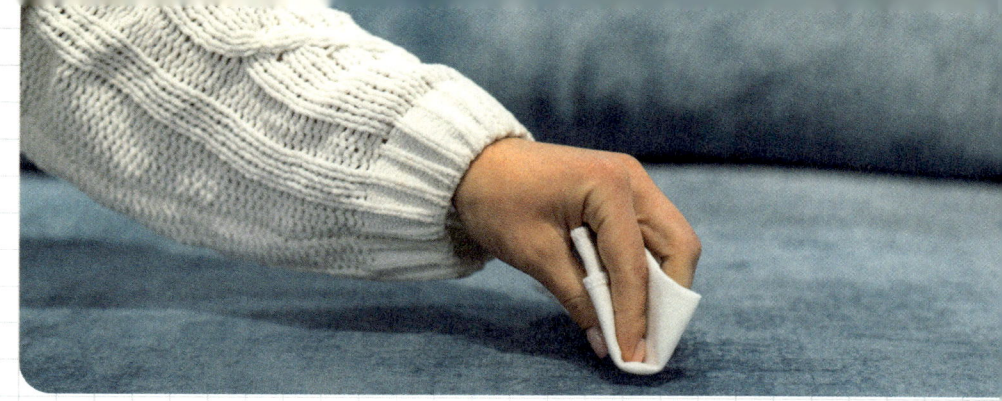

HOLZ- & POLSTERMÖBEL REINIGEN & PFLEGEN

Mit Omas Hausmitteln ist (fast) jeder Fleck ruckzuck weg.

HOLZ- UND POLSTERMÖBEL PFLEGTE OMA CHARLOTTE AUF GANZ NATÜRLICHE WEISE.

▷ HOLZMÖBEL ERSTRAHLEN IN NEUEM GLANZ, WENN MAN SIE MIT EINER MISCHUNG AUS 3/4 ÖL (OLIVEN-, RAPS-, LEIN- ODER WALNUSSÖL) UND 1/4 ZITRONENSAFT EINREIBT, EINWIRKEN LÄSST UND DANN MIT EINEM WEICHEN TUCH POLIERT.

▷ BIENENWACHS EIGNET SICH BESTENS FÜR DIE PFLEGE VON WEICHHOLZMÖBELN.

▷ KRATZER IN DUNKLEM HOLZ ODER PARKETT BESEITIGT MAN MIT EINEM WALNUSSKERN. DIESER WIRD AUF DIE KRATZER GERIEBEN. DIE NUSSBRÖSEL VERSCHLIEßEN DEN KRATZER, DAS ENTHALTENE ÖL IST DER KITT.

▷ EICHENMÖBEL BRINGT MAN MIT HELLEM BIER ZUM GLÄNZEN.

▷ ERSTE HILFE BEI FLECKEN AUF POLSTERMÖBELN SIND KALTES WASSER UND KERNSEIFE. DAZU TUCH MIT KERNSEIFENLÖSUNG BEFEUCHTEN UND DEN FLECK GUT EINREIBEN. KALKHALTIGES WASSER KANN RÄNDER GEBEN, DESWEGEN BESSER DESTILLIERTES ODER ABGEKOCHTES WASSER VERWENDEN.

▷ FETTFLECKEN, AUCH DURCH LIPPENSTIFT ODER SCHUHCREME VERURSACHT, BEHANDELT MAN MIT WASCHBENZIN. WENN NÖTIG MIT WARMER KERNSEIFENLAUGE NACHBEHANDELN.

▷ SELBSTGEMACHTE MÖBELPOLITUR À LA OMA CHARLOTTE: FÜR DUNKLES HOLZ MISCHTE SIE SCHWARZEN TEE MIT SPEISEÖL, FÜR HELLE HÖLZER ZU GLEICHEN TEILEN TERPENTIN, ESSIG, WEINGEIST UND LEINÖL.

PFUI SPINNE: HAUSMITTEL GEGEN UNGELIEBTE MITBEWOHNER

REINLICHKEIT WAR DAS OBERSTE PRINZIP IN OMAS KÜCHE. NACH DEM KOCHEN UND DEN MAHLZEITEN WURDE DIE KÜCHE GRÜND-LICH GEREINIGT, KOCHZUTATEN UND SPEISERESTE WEGGERÄUMT. SO FANDEN SCHÄDLINGE KEIN VERLOCKENDES NAHRUNGSANGE-BOT. DIE ZUTATEN VON MEHL BIS GEWÜRZ WURDEN LUFTDICHT VERSCHLOSSEN AUFBEWAHRT. DER ABFALLEIMER BLIEB OFT LEER, WEIL DIE SCHWEINE IM STALL MIT DEN ESSENSRESTEN GEFÜTTERT WURDEN. GUT, HEUTE HAT KAUM EIN HAUSHALT MEHR EIN HAUSSCHWEIN, DESWEGEN SOLLTE MAN DEN ABFALLEIMER TÄGLICH LEEREN. AUCH AUSGÜSSE KÖNNEN UNLIEBSAME MITBE-WOHNER BEHERBERGEN ODER SIE VERSCHAFFEN SICH DURCH DIE-SE ZUGANG ZUR KÜCHE. DESWEGEN REGELMÄßIG DURCHSPÜLEN!

▷ MINZE IST DAS ZAUBERKRAUT GEGEN SPINNEN IN DER WOHNUNG. DAMIT DIESE ERST GAR NICHT DEN WEG DURCHS FENSTER FINDEN, SOLLTE MAN DIE PFLANZEN AM FENSTER-BRETT AUFSTELLEN.

▷ TOMATENBLÄTTER UND –STIELE ODER KAMPFER VERTREIBEN AMEISEN.

▷ ESSIG HILFT GEGEN FLIEGEN IN DER KÜCHE. IM WOHN- UND SCHLAFZIMMER KANN MAN LAVENDEL- ODER LORBEERÖL VERWENDEN.

▷ FLIEGEN MÖGEN AUCH KEINE TOMATEN. DIE AUF DAS FENS-TERBRETT GESTELLT, VERHINDERN, DASS FLIEGEN ÜBERHAUPT ERST IN DIE WOHNUNG KOMMEN.

▷ SÄCKCHEN MIT GETROCKNETEN LAVENDELBLÜTEN VERTREIBEN MOTTEN AUS DEM KLEIDERSCHRANK. ABER AUCH SALBEI, THY-MIAN, GEWÜRZNELKEN ODER SCHWARZER PFEFFER WIRKEN GEGEN DIE PLAGEGEISTER.

▷ MOTTENEIER UND LARVEN IN RITZEN UND SPALTEN DES KLEIDERSCHRANKES KANN MAN MIT DEM FÖHN DEN GARAUS MACHEN.

▷ VON MOTTEN BEFALLENE KLEIDUNGSSTÜCKE KANN MAN RET-TEN, WENN MAN SIE SO HEIß WIE MÖGLICH WÄSCHT ODER BEI MEHR ALS 5 GRAD MINUS FÜR EIN PAAR TAGE EINFRIERT.

▷ AMEISEN KANN MAN MIT EINER MISCHUNG AUS GETROCKNE-
TEN PFEFFERMINZBLÄTTERN, 35 G CAYENNEPFEFFER UND
30 G BORAX VERTREIBEN.

▷ ORANGEN- UND ZITRONENSCHALEN GESPICKT MIT GEWÜRZ-
NELKEN VERTREIBEN FLIEGEN.

▷ LEBENSMITTELMOTTEN LIEBEN MÜSLI, MEHLPRODUKTE UND
KÖRNER. UM SIE LOSZUWERDEN, SOLLTE MAN DIE PLAGEGEIS-
TER SYSTEMATISCH BEKÄMPFEN. DAZU GEHÖRT: LEBENSMIT-
TEL SOFORT NACH DEM EINKAUF IN LUFTDICHT VERSCHLIESS-
BARE BEHÄLTER UMFÜLLEN. REGELMÄSSIG AUF GESPINSTE,
LARVEN UND MOTTEN KONTROLLIEREN. BEFALLENE LEBENS-
MITTEL GUT VERPACKT ENTSORGEN UND SCHRÄNKE GRÜND-
LICH SÄUBERN.

Lavendel sieht schön aus, riecht gut, hebt die Stimmung und vertreibt ungebetene Krabbeltiere.

Pflegen und Reparieren

WER KENNT DAS NICHT: DAS TÜRSCHLOSS QUIETSCHT, DER WASSERHAHN TROPFT, EINE SCHUBLADE KLEMMT ODER DER HOLZTISCH HAT EINEN UNSCHÖNEN KRATZER. ALLES, WAS AUF DEN ERSTEN BLICK DEFEKT ODER NICHT MEHR BRAUCHBAR ERSCHEINT, WIRD HEUTE ZU OFT ACHTLOS WEGGEWORFEN. DABEI BRAUCHT MAN MEIST GAR KEINE GROSSE WERKZEUGKISTE ODER HANDWERKLICHEN FÄHIGKEITEN, UM EINEN GEGENSTAND SO ZU REPARIEREN, DASS ER NOCH LANGE VERWENDET WERDEN KANN. REPARIEREN STATT ENTSORGEN, DAS SCHONT DIE UMWELT UND DIE ROHSTOFFE UNSERER ERDE. AUSSERDEM WIRD DADURCH JEDE MENGE MÜLL VERMIEDEN UND LAST BUT NOT LEAST IST ES GUT FÜR DEN GELDBEUTEL. OMA CHARLOTTE WUSSTE SICH AUCH OHNE GROSSEN MASCHINENPARK UND GROSSEINKAUF IM BAUMARKT IN VIELEN FÄLLEN SELBST ZU HELFEN. MIT IHREN TIPPS UND TRICKS BRINGT MAN LIEBLINGSMÖBEL WIEDER AUF GLANZ, SCHARNIERE UND SCHLÖSSER IN GANG ODER BEUGT SCHIMMEL- UND PILZBEFALL GANZ NATÜRLICH VOR. OMA CHARLOTTE KANNTE ZWAR DIE BEGRIFFE „REPARATUR-CAFÉ" UND „UPCYCLING" NOCH NICHT, ABER IHR REPARATUR-CAFÉ WAR IM WERKZEUGSCHUPPEN NEBEN DEM HAUS, WO OPA AUCH MAL EINSPRANG, UM DIE SCHWEREREN ARBEITEN AN SEINER WERKBANK ZU ERLEDIGEN, UND GANZ SELBSTVERSTÄNDLICH BEKAMEN EINFACHE DINGE WIE ALTE SOCKEN ODER GEBRAUCHTE EINMACH- UND MARMELADENGLÄSER EINE NEUE FUNKTION.

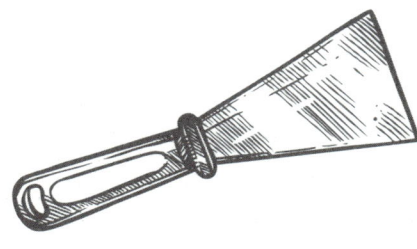

DAS HANDWERKSZEUG

Egal, was im Haushalt in die Brüche geht, mit einer gut
sortierten Heimwerkerkiste und etwas Geschick kann man
sich in vielen Fällen selbst helfen. Eine Basis-Ausstattung an
Werkzeugen stand bei Oma Charlotte für fast jede Reparatur bereit. Dazu gehörten:

Maßband & Zollstock
Beide Werkzeuge dienen dazu, Längen oder Strecken auszumessen. Die Einteilung zeigt je nach Länge Meter, De-
zimeter und Millimeter an. Eignet sich das Maßband gut,
um beispielsweise Stoffe auszumessen, kann man mit dem
Zollstock ideal die Höhe wie die der Tischkante messen. Übrigens: Wer kein Zentimetermaß zur Hand hat, kann mit einem Streichholz messen. Das ist immer 5 cm lang.

*Das Reparatur-Café
meiner Großeltern
war im Schuppen
gleich neben dem
Haus.*

Kreuz- und Schlitzschraubendreher in gängigen Größen
Diese gibt es in verschiedenen Größen für unterschiedliche
Schraubenköpfe. Besonders benutzerfreundlich sind die
Schraubendreher, wenn sie einen Gummigriff haben. Mit

Leuchtdiode ausgestattet zeigt der Schraubendreher beim Installieren von Lampen die elektrische Spannung an.

Schraubenschlüssel im Set
Stecknuss und Umschaltknarre? Noch nie etwas davon gehört? Erstere braucht man, um Muttern und Schraubenköpfe zu greifen. Knarre oder Ratsche bezeichnen ein Schraubwerkzeug, das bei Platzmangel beim Arbeiten nicht immer neu angesetzt werden muss, um eine Umdrehung hinzubekommen. Das gibt es im Set mit verschiedenen Aufsätzen.

Sechskant- oder Inbus-Schlüssel
Möbel, Vorreiter war ein schwedisches Unternehmen, werden heutzutage zusammengeschraubt. Ein Set mit verschiedenen Größen sollte in der Werkzeugkiste nicht fehlen.

Zangen
Kneif-, Flach- und Rohrzange: Eine passende Zange gibt es für jeden (Not-)Fall. Mit der Kneifzange kann man Schrauben durchtrennen, die Flachzange hilft bei filigranen Bastelarbeiten und die Rohrzange bringt den tropfenden Wasserhahn zum Schweigen.

Sägen
Für jede Holzarbeit gibt es vom Fuchsschwanz bis zur Zapfensäge, von der Spannsäge bis zur Laubsäge die passende Säge mit unterschiedlichen Sägezähnen: je mehr Sägezähne, desto feiner die Sägearbeit.

(Quelle: www.hammerkauf.de)

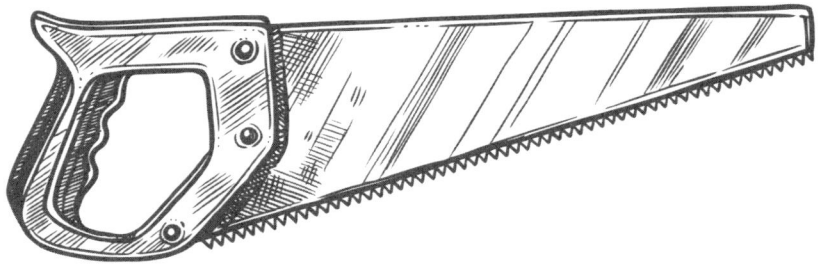

WERKZEUGE MÜSSEN GEPFLEGT WERDEN

Mit simplen Tricks und der richtigen Werkzeugpflege kann man die Lebensdauer von Bohrern, Sägen & Co. deutlich verlängern. Oft genügt die richtige Lagerung und eine gründliche Reinigung nach der Benutzung, wenn man Folgendes beachtet:

▷ Werkzeuge sollte man nach dem Gebrauch gründlich säubern. Es verlängert deren Lebensdauer und erhöht die Arbeitssicherheit. Dazu gibt es spezielle Reinigungstücher und Bürsten.
▷ Gegen Rost hilft Ballistol-Öl. Werkzeuge einfach damit einreiben. Vorteil: Es pflegt nicht nur das Werkzeug, sondern auch die Haut.
▷ Scheren werden wieder blank, wenn man sie mit einer Masse aus Kleie, Salz und Essig einreibt und danach poliert. Dazu eine kleine Tasse Kleie mit heißem Wasser, 1 EL Salz und 2 EL Essig anrühren.
▷ Werkzeuge sollten trocken gelagert werden.
▷ Kleine Mängel am Werkzeug kann man selbst beheben, defektes Werkzeug hingegen sollte man aus Sicherheitsgründen entweder zum Profi zur Reparatur bringen oder nicht mehr verwenden.
▷ Messer kann man regelmäßig mit einem Wetzstein schärfen, Scheren mit Schleifpapier.
▷ Sägeblätter gleiten besser bei der Arbeit, wenn man sie mit Kerzenwachs oder Kernseife am Gewinde einreibt. Oma benutzte dazu auch eine Speckschwarte.

Wer sein Werkzeug pflegt und hegt, der hat lange Freude daran.

MÖBEL, HOLZ & BÖDEN

Im Haus meiner Großeltern standen ausschließlich Möbel aus Vollholz. Aus Pressspanplatten zusammengeleimte Schränke und Regale eines schwedischen Möbelproduzenten eroberten erst in den 1980er Jahren unsere Wohn-, Schlaf- und Kinderzimmer. Zu Omas Zeiten wurde eine Einrichtung für das ganze Leben angeschafft, entsprechend wertig, meist aus Vollholz handwerklich angefertigt, und langlebig mussten Tische, Stühle, Schränke und Kommoden sein. Beim blauen Einrichtungsriesen hingegen werden Möbel zum Wegwerfgegenstand mit begrenzter Lebensdauer, die alle 7 bis 10 Jahre bzw. manchmal auch bei jedem Umzug neu gekauft werden müssen. Für eine ganz andere Wohnkultur stehen Möbel, die Designgeschichte geschrieben haben, wie der Wiener Kaffeehausstuhl von Thonet, der Lounge-Chair von Eames oder das Regal 606 von Dieter Rams. Wer ein schönes altes Möbelstück aus Buche, Ahorn oder Kirsche von den Großeltern geerbt, in einem Antiquitätengeschäft gekauft oder als Glückspilz auf dem Flohmarkt oder dem Sperrmüll gefunden hat, kann sich bei der richtigen Pflege ein ganzes Leben lang daran erfreuen. Das Gute hieran: Einzelstücke wie diese bestechen durch ihre angenehme Haptik und verleihen auch modern eingerichteten Wohnungen eine besondere Atmosphäre.

DAS HANDWERKSZEUG ZUR PFLEGE

Für die Möbelpflege braucht es keine Werkzeuge. Eine wiederverwertete Sprühflasche, einige Lappen, Tücher und Schwämme oder ein Wachs-Reparaturset reichen aus. Die passende Möbelpolitur muss man nicht teuer kaufen. Diese kann man mit wenigen Zutaten, meist aus dem eigenen Vorratsschrank, selbst herstellen. Die gängigen Grundzutaten für selbst hergestellte Möbelpflegemittel sind Essig, Öle, Bienenwachs, Bier und Rotwein. Auch Terpentin und Salz können zum Einsatz kommen. Tipp für die Ölauswahl: Nehmen Sie möglichst fetthaltiges Öl wie Walnuss- oder Rapsöl. Am besten ist jedoch Leinöl geeignet. Damit arbeiten auch professionelle Restaurateur*innen. Für hartnäckige tiefere Kratzer bleibt ein im Handel erhältliches Reparaturset. Das enthält Wachse in verschiedenen Farben, passend zu den unterschiedlichen Holzarten. Die Anwendung ist einfach. Bienenwachs gibt es entweder beim Imker um die Ecke oder in Apotheken und Reformhäusern. Terpentin führt ebenfalls die Apotheke. Alles andere hat man zumeist zu Hause im Regal stehen.

Gut gerüstet für alle Eventualitäten, wenn es quietscht und klemmt.

GUT GEÖLT FLUTSCHT ES WIEDER: OMAS PFLEGE- UND REPARATUR-HACKS FÜR HOLZOBERFLÄCHEN UND HOLZMÖBEL.

▷ BLINDE STELLEN AUF MÖBELN UND TÜREN KANN MAN DURCH EINE POLITUR MIT EINER MISCHUNG AUS JEWEILS EINEM TEIL LEIN- UND ZITRONENÖL BESEITIGEN.

▷ POLIERT MAN STUMPF GEWORDENES, DUNKLES HOLZ MIT EINER MISCHUNG AUS GLEICHEN TEILEN ROTWEIN UND LEINÖL, KOMMT DER GLANZ ZURÜCK.

▷ WASSERFLECKEN AUF MÖBELN VERSCHWINDEN, WENN MAN SIE MIT PETROLEUM ABREIBT.

▷ ZITRONENSCHALE IST DAS BESTE REINIGUNGSMITTEL FÜR KÜCHENMÖBEL AUS HOLZ.

▷ POLITUR FÜR MASSIVHOLZMÖBEL STELLT MAN SO HER: 30 G BIENENWACHS MIT 100 G TERPENTIN MISCHEN UND IN EINEM TOPF BEI NIEDRIGER TEMPERATUR VORSICHTIG SCHMELZEN. VORSICHT: TERPENTIN IST LEICHT ENTFLAMMBAR! IST DIE MISCHUNG ERKALTET KANN MAN SIE AUF DAS MÖBELSTÜCK AUFTRAGEN. ES VERLEIHT GLANZ UND UMGIBT DAS HOLZ MIT EINER SCHÜTZENDEN SCHICHT.

▷ FÜR MÖBEL AUS EICHENHOLZ EIGNET SICH WARMES, HELLES BIER ALS POLITUR. MAN REIBT DAS MÖBELSTÜCK MIT BIER EIN UND POLIERT DANN MIT EINEM WEICHEN TUCH NACH.

▷ AUCH IM BADEZIMMER WIRD MAN AUF DER SUCHE NACH EINER MÖBELPOLITUR FÜNDIG: FETTHALTIGE CREMES UND SONNENSCHUTZ-CREMES EIGNEN SICH HERVORRAGEND ALS ERSATZ FÜR FERTIGE MÖBELPOLITUREN AUS DEM BAUMARKT.

▷ BEVOR MAN JEDOCH DIE SELBST HERGESTELLTEN REINIGUNGS- UND POLIERMITTEL ANWENDET, SOLLTE MAN SIE AN EINER UNAUFFÄLLIGEN STELLE DES MÖBELSTÜCKS AUSPROBIEREN, DENN JEDES HOLZ NIMMT DIE MÖBELPFLEGE UNTERSCHIEDLICH AN. SO VERMEIDET MAN, MÖBEL ZU VERSCHLIMMBESSERN.

▷ HOLZOBERFLÄCHEN SOLLTE MAN IMMER IN RICHTUNG DER MASERUNG REINIGEN UND PFLEGEN.

▷ NACHGEDUNKELTE KORBMÖBEL WERDEN WIEDER HELL, WENN
  MAN SIE ZUERST MIT SALZWASSER ABWÄSCHT UND TROCK-
  NEN LÄSST. DANACH REIBT MAN DIE MÖBEL MIT ZITRONEN-
  SAFT AB.
▷ GARTENMÖBEL AUS HOLZ REINIGT MAN IM FRÜHJAHR MIT
  WARMEM WASSER, SCHMIERSEIFE UND EINER BÜRSTE. DANACH
  WIRD DAS HOLZ MIT FEINEM SCHLEIFPAPIER ABGESCHLIFFEN
  UND MIT LEINÖL EINGESTRICHEN. SOLLTE JEDES JAHR WIE-
  DERHOLT WERDEN.
▷ GENERELL GILT: „LESS IS MORE", EGAL FÜR WELCHE METHODE
  MAN SICH ENTSCHEIDET! BESSER EINE ANWENDUNG WIE-
  DERHOLEN, ALS ZU VIEL DES GUTEN AUFTRAGEN UND DAMIT
  UNSCHÖNE STREIFEN UND SCHLIEREN RISKIEREN!

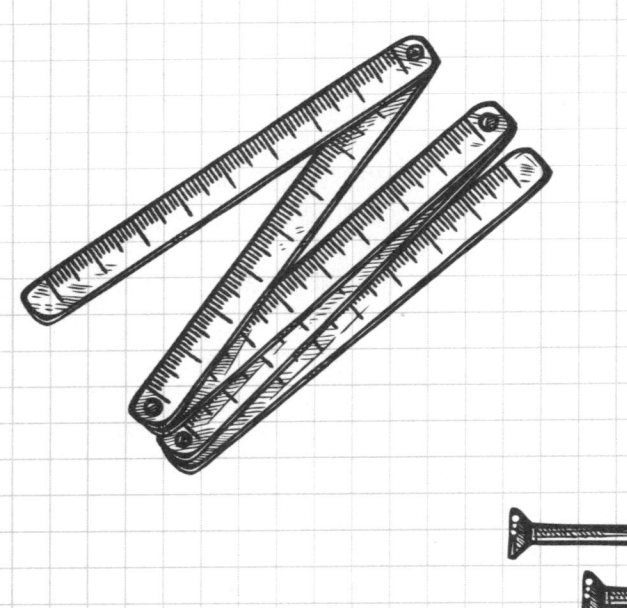

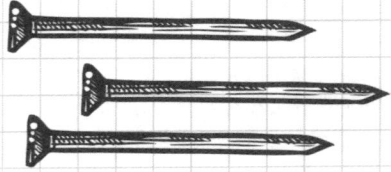

TRITTSICHER: FUßBÖDEN WIE NEU

HOLZBÖDEN, EGAL OB DIELE ODER PARKETT, SIND „IN". DAMIT
MAN LANGE FREUDE DARAN HAT, WOLLEN HOLZBÖDEN RICHTIG
GEPFLEGT WERDEN. AUCH HIERFÜR KANN MAN VON OMA CHAR-
LOTTES PUTZ- UND PFLEGE-HACKS LERNEN. WIE BEI HOLZMÖ-
BELN SIND ÖLE, FLÜSSIGE SEIFE, GESCHIRRSPÜLMITTEL, ESSIG
ODER SODA DIE BESTEN PFLEGEMITTEL. LOSER SCHMUTZ UND
STAUB WERDEN HEUTE MIT DEM SAUGROBOTER ENTFERNT. BEI
MEINER OMA STAND TÄGLICHES KEHREN AUF DEM PROGRAMM.
DAMIT VERMIED SIE, DASS SCHMUTZPARTIKEL UND STAUB AUF
DEM BODEN BEIM GEHEN KRATZER VERURSACHTEN.

▷ UMWELTFREUNDLICHES PUTZWASSER KANN MAN AUS FOL-
  GENDEN FÜNF ZUTATEN HERSTELLEN: ESSIG, NATRON, SODA,
  ZITRONENSAFT ODER -SÄURE UND KERNSEIFE. MENGEN-
  VERHÄLTNISSE: 1 TL NATRON, 1 TL GERIEBENE KERNSEIFE, 1
  SPRITZER ZITRONENSAFT, 1 TASSE WARMES WASSER.
▷ BEIM WISCHEN SOLLTEN WISCHTUCH ODER -MOB NUR NEBEL-
  FEUCHT NICHT NASS SEIN. NÄSSE ZIEHT IN DAS HOLZ EIN.
  DADURCH KANN ES SICH VERZIEHEN ODER WÖLBEN.
▷ IST EIN HOLZFUßBODEN GEÖLT, PUTZT MAN IHN ZUNÄCHST
  MIT WARMER SODALÖSUNG UND SPÜLT DANN MIT WASSER
  NACH. SOLCHE HOLZBÖDEN SOLLTEN REGELMÄßIG MIT
  LEINÖLFIRNIS GEPFLEGT WERDEN. LEINÖLFIRNIS IST EIN AN-
  STRICHMITTEL AUS LEINÖL, EINEM TROCKNUNGSMITTEL UND
  WEITEREN ZUSATZSTOFFEN, DAS NACH DEM AUSHÄRTEN EINE
  KLARE, WASSERABWEISENDE SCHUTZSCHICHT BILDET.
▷ UNBEHANDELTE TERRAKOTTAFLIESEN KANN MAN MIT BIOLO-
  GISCHEM FUßBODENHARTÖL (VERKOCHUNG AUS NATÜRLICHEN
  ÖLEN UND HARZEN) LASIEREN UND DAMIT STRAPAZIERFÄHI-
  GER MACHEN. DAZU MUSS DER BODEN GRÜNDLICH GEREINIGT
  WERDEN. ANSCHLIEßEND MUSS DAS ÖL GROßZÜGIG MIT
  EINEM FUSSELFREIEN LAPPEN ODER EINER LAMMFELLROLLE
  AUF DEN FLIESEN AUFGETRAGEN WERDEN.
▷ WALNUSSKERNE VERWENDETE OMA CHARLOTTE, WENN IM
  PARKETT ODER AUF DEM HOLZTISCH IN NUSSBAUMFARBE
  KRATZER ENTSTANDEN WAREN. EINFACH MIT DEM NUSSKERN

ÜBER DEN KRATZER FAHREN. NUSSBRÖSEL UND DAS ENTHAL-
TENE ÖL VERSCHLIEßEN DEN KRATZER. FÜR HELLES HOLZ
NIMMT MAN HASELNUSSKERNE.

▷ KNARRENDE BÖDEN UND HOLZTREPPEN KÖNNEN VERSCHIE-
DENE URSACHEN HABEN. DA IST DIE EXPERTISE DES HAND-
WERKERS GEFRAGT. HAUSMITTEL VON OMA CHARLOTTE: SIE
STRICH WARMES LEINÖL AUF DIE DIELEN UND SPALTEN.

▷ DELLEN IM HOLZBODEN KANN MAN AUSBÜGELN. DAZU LEGT
MAN EIN FEUCHTES TUCH AUF DIE ENTSPRECHENDE STEL-
LE UND DRÜCKT MEHRMALS EIN BÜGELEISEN DARAUF. DAS
VERDAMPFENDE WASSER LÄSST DAS HOLZ QUELLEN UND DIE
DELLE WIRD WIEDER GLATT.

WENN ES QUIETSCHT UND PAPPT: WEITERE PFLEGE- & REPARATUR-HACKS FÜR MÖBEL, TÜREN & TAPETEN

▷ DIE SCHUBLADE KLEMMT UND DIE SCHARNIERE QUIETSCHEN?
DANN HILFT IN DEN MEISTEN FÄLLEN EIN TROPFEN ÖL, ET-
WAS KERZENABRIEB ODER VASELINE.

▷ TÜRSCHARNIERE WERDEN WIEDER GERÄUSCHLOS GANGBAR,
WENN MAN DIE TÜR AUSHÄNGT UND DEN SCHARNIERSTIFT
MIT EINEM TROPFEN BALLISTOL- ODER EINEM ANDEREN ÖL
EINREIBT.

▷ WENN DER SCHLÜSSEL HAKT, DANN REIBT MAN IHN MIT BAL-
LISTOL-ÖL ODER PARAFIN EIN. SCHON FLUTSCHT ER WIEDER.

▷ KLEMMENDE SCHUBLADEN AUF HÖLZERNEN LAUFSCHIENEN
GLEITEN WIEDER, WENN MAN DIE SCHIENEN MIT ETWAS
ABRIEB VON EINER KERZE BEHANDELT.

▷ WENN DIE TÜR KLEMMT, REIBT MAN DIE REIBEFLÄCHE MIT
PARAFFIN EIN.

▷ FEUCHTIGKEIT IN SCHRÄNKEN ODER KOMMODEN VERSCHWIN-
DET, WENN MAN EIN LUFTDURCHLÄSSIGES STOFFSÄCKCHEN
MIT KAMPFER HINEINLEGT.

▷ GARTENMÖBEL AUS UNBEHANDELTEM HOLZ KANN MAN
MIT EINER LAUGE AUS NATURSEIFE MIT HOHEM ÖLANTEIL
UND WASSER REINIGEN. DAZU WIRD DIE LAUGE MIT EINEM

SCHWAMM AUFGETRAGEN, NACH KURZER EINWIRKZEIT WIRD DAS GARTENMÖBEL MIT EINER BÜRSTE ABGERIEBEN UND ZUM SCHLUSS MIT KLAREM WASSER ABGESPÜLT. DANACH SOLLTE MAN DIE MÖBEL GUT TROCKNEN LASSEN UND MIT LEINÖL EINREIBEN.

▷ KÜCHENTAPETEN KANN MAN VON FETT- UND SONSTIGEN FLE-CKEN MIT KREIDE BEFREIEN. DAZU KREIDE MIT EINEM MESSER IN EINE SCHÜSSEL KRATZEN UND DEN FLECK DAMIT BEPIN-SELN. DIE KREIDE SAUGT DAS FETT AUF. DANACH ABBÜRSTEN.

▷ EINGETROCKNETEN SCHMUTZ WIE TEIGRESTE AN DER KÜCHEN-WAND KANN MAN MIT FARBLICH PASSENDER KNETE ENTFER-NEN. DAZU DEN FLECK MIT DER KNETE FEST ABTUPFEN. DER SCHMUTZ BLEIBT AN DER KNETE HÄNGEN.

▷ NEUE FETTFLECKEN AUF TAPETEN ENTFERNT MAN, IN DEM MAN EIN LÖSCHPAPIER DARÜBER LEGT UND MIT EINEM HEIßEN BÜGELEISEN BÜGELT. DAS LÖSCHPAPIER SAUGT DAS FETT AUF.

Mit Seife oder Öl flutschen Schubla-den und Türschar-niere wieder.

KLEIDUNG, WÄSCHE & HEIMTEXTILIEN

Kleidung schützt nicht nur vor Wetter und Kälte, sie ist auch Statussymbol, schafft Identität und Zugehörigkeitsgefühl. Nie gaben wir so viel Geld für Kleidung aus, und noch nie gab es so viele Kleidungsstücke wie heute, die oft ungetragen im Altkleider-Container landen.

Die deutschen Privathaushalte gaben 2020 rund 54,7 Milliarden Euro für Bekleidung aus. Der Corona-Lockdown sorgte allerdings für deutliche Umsatzeinbußen (Quelle: M. Hohmann, www.statista.com). Da ist es angebracht, den Konsum zu drosseln und das eine oder andere Stück sorgsam zu behandeln und zu reparieren. Etwas älter, nämlich von 2015, sind die Ergebnisse einer Greenpeace-Umfrage. Nach der besitzt im Durchschnitt jede erwachsene Person (18–69 Jahre) in Deutschland 95 Kleidungsstücke (ohne Unterwäsche und Socken). Das sind etwa 5,2 Milliarden Kleidungsstücke allein in Deutschland. Jedes fünfte Kleidungsstück (19 Prozent) wird allerdings so gut wie nie getragen. Das summiert sich auf 1 Milliarde Kleidungsstücke, die ungenutzt im Schrank liegen. Festgestellt wurde auch, dass die Reparatur von Kleidung oder Schuhen zwar der bekannteste Beitrag zu mehr Nachhaltigkeit ist. Allerdings ist der nicht weit verbreitet: Nur jeder Siebte ließ in der jüngeren Vergangenheit Kleidung reparieren, etwa die Hälfte brachte überhaupt noch nie Kleidung zur Reparatur. Besonders den Jüngeren ist die Mülltonne näher als der Schuster: 58 Prozent der 18–29-Jährigen war noch nie beim Schuster. Zum Vergleich: Bei der Altersgruppe 60+ ist dies nur bei jedem Fünften der Fall.

(Quelle: Wegwerfware Kleidung, Repräsentative Greenpeace-Umfrage zu Kaufverhalten, Tragedauer und der Entsorgung von Mode)

DAS HANDWERKSZEUG ZUM NÄHEN

Knopf ab, Loch in der Hose oder Riss im Hemd? Kein Grund für meine Oma, das beschädigte Kleidungsstück zu entsorgen. Kleidung war viel teurer als heute, qualitativ hochwertiger und sah mit einem kunstvollen Flicken oder bunten Knöpfen auch noch gut aus. Fürs Ausbessern schadhafter Kleidung und Heimtextilien hatte Oma Charlotte ein vielseitig bestücktes Nähkästchen.

Omas Nähkästchen

Wissen Sie, woher die Redewendung „aus dem Nähkästchen plaudern" kommt? Frauen sollen früher geheime Dinge häufig in ihrem Nähkästchen versteckt haben und bei Nähstunden mit Freundinnen darüber geplaudert haben. Auch die Romanheldin „Effi Briest" (Theodor Fontane) hatte etwas zu verbergen, nämlich die Liebesbriefe ihres Geliebten. Die versteckte sie im Nähkästchen. Der gehörnte Ehemann fand die Briefe dort erst Jahre später. Im Nähkästchen wurden selbstredend nicht nur geheime Dinge versteckt. Omas Nähkästchen hatte viele Aufbewahrungsfächer. Darin waren all die Utensilien zu finden, mit denen man Löcher stopfen, Knöpfe annähen oder Risse flicken konnte. Dazu gehörten eine Stoffschere, Stecknadeln, ein Markierstift, ein Maßband, Nadelkissen, Nähgarne in verschiedenen Farben, Nähnadeln in verschiedenen Stärken und eine Einfädelöse.

Ganz schön bunt hier, so findet jedes Hemd und jede Hose ihren Knopf.

OMAS HACKS FÜR DIE WÄSCHE, PFLEGE, REPARATUR & AUFBEWAHRUNG VON KLEIDUNG & HEIMTEXTILIEN

DER KNOPF IST AB, DER REISSVERSCHLUSS KLEMMT, IN DEN GAR-
DINEN SITZT DER „GILB"? MIT DIESEN HACKS BLEIBEN KLEIDUNG
UND HEIMTEXTILIEN SCHÖN.

▷ WOLLE LÄUFT NICHT EIN, WENN MAN SIE NUR MIT LAUWAR-
MEM WASSER PLUS EINEM SCHUSS BORAX WÄSCHT.

▷ WÄSCHE RIECHT DEUTLICH FRISCHER, WENN SIE AUF DER
LEINE AN DER LUFT GETROCKNET WIRD. DA SPART MAN
SICH DEN ENERGIEFRESSENDEN WÄSCHETROCKNER UND DAS
SCHÄDLICHE WÄSCHEPARFÜM. BADEHOSEN UND BADEANZÜ-
GE, DIE MAN IM MEER GETRAGEN HAT, LEGT MAN NACH DEM
URLAUB EINEN TAG IN LEITUNGSWASSER, DAS MAN ÖFTERS
WECHSELN MUSS, SONST ZERFRISST DAS SALZ DIE BADESA-
CHEN.

▷ HEMDKRAGEN WERDEN WIEDER SAUBER, WENN MAN SIE VOR
DEM WASCHEN MIT HAARSHAMPOO EINREIBT. DAS SHAMPOO
LÖST DAS KÖRPERFETT AM KRAGEN.

▷ GESTÄRKTE WÄSCHE KLEBT NICHT AM BÜGELEISEN, WENN
MAN AUF EINEN LITER STÄRKE EINEN TEELÖFFEL TERPENTIN-
ÖL ODER SALZ GIBT.

▷ GARDINEN STÄRKEN OHNE STÄRKEZUSATZ GEHT, INDEM
MAN SIE NACH DEM WASCHEN IN WASSER LEGT, IN DEM REIS
GEKOCHT WURDE, UND GUT DARIN SCHWENKT. DANACH NICHT
AUSWRINGEN, VIELMEHR NASS AUFHÄNGEN.

▷ GEGEN DEN GRAUSCHLEIER IN GARDINEN HILFT EIN BAD
IN MILCH ODER BUTTERMILCH. DAZU DIE BADEWANNE MIT
WARMEM WASSER FÜLLEN, MILCH ODER BUTTERMILCH DAZU
GIESSEN, ÜBER NACHT EINWEICHEN UND DANACH IN DER
MASCHINE WASCHEN.

▷ ODER MAN GIBT DIE GARDINEN IN EINE MIT HANDWARMEM
WASSER GEFÜLLTE BADEWANNE, IN DER MAN ZUVOR EIN
TÜTCHEN BACKPULVER AUFGELÖST HAT.

▷ MATRATZEN REINIGT MAN MIT EINER IN WASCHBENZIN GE-
TAUCHTEN BÜRSTE.

▷ EIN AROMATISCHES DUFTKISSEN FÜR DEN KLEIDERSCHRANK STELLT MAN AUS EINER APFELSINE HER, DIE DICHT MIT GEWÜRZNELKEN GESPICKT WIRD. IN EINEM LUFTDURCHLÄSSIGEN NETZ AUFGEHÄNGT, VERSTRÖMT ES EINEN WUNDERBAR ANGENEHMEN DUFT.

▷ STOCKFLECKEN ENTFERNT MAN, INDEM MAN DAS WÄSCHESTÜCK IN ESSIG TAUCHT UND DANACH WÄSCHT.

▷ DAUNEN- UND FEDERBETTEN LÜFTET MAN NICHT IN DER PRALLEN SONNE. DIE FEDERN WERDEN DANN BRÜCHIG.

▷ WER KLEIDUNG EINLAGERN WILL, SOLLTE DAS NUR MIT GEWASCHENER KLEIDUNG TUN.

▷ MOTTEN KANN MAN MIT ÄTHERISCHEN ÖLEN VON LAVENDEL, ZEDERN- UND ZIRBELKIEFERNHOLZ ODER DEN ENTSPRECHENDEN KRÄUTERN UND HÖLZERN FERNHALTEN. BEI OMA CHARLOTTE LAG ÜBERS GANZE JAHR EIN SÄCKCHEN MIT LAVENDELBLÜTEN IM KLEIDERSCHRANK.

▷ HABEN SICH MOTTEN TROTZ ALLER MASSNAHMEN EINGENISTET, MÜSSEN DIE TEXTILIEN BEI MINDESTENS 60 GRAD CELSIUS GEWASCHEN WERDEN. BEI EMPFINDLICHEN KLEIDUNGSSTÜCKEN AUS WOLLE HILFT AUSSCHÜTTELN, WASCHEN UND DANN EINE WOCHE IN DEN EISSCHRANK LEGEN.

Lavendel im Garten lockt Bienen und Hummeln an, im Haus vertreibt er ungebetene Gäste wie Motten und Fliegen.

OMA CHARLOTTES REPARATUR-HACKS FÜR KLEIDUNG

▷ UM EINEN REISSVERSCHLUSS WIEDER GANGBAR ZU MACHEN, BENUTZTE OMA ENTWEDER DEN ABRIEB EINER BLEISTIFT-MINE, VON SEIFE ODER EINER KERZE. DER REISSVERSCHLUSS WIRD DAMIT EINGERIEBEN. SO WERDEN DIE ZÄHNE DES VERSCHLUSSES GESCHMIERT.

▷ DRUCKKNÖPFE HALTEN WIEDER, WENN MAN VORSICHTIG MIT EINEM HAMMER AUF DAS KOPFTEIL KLOPFT, SODASS ES ETWAS AUSEINANDERGETRIEBEN WIRD.

▷ UM STICHE PER HAND REGELMÄSSIG ZU SETZEN, MALT MAN SICH MIT EINEM STIFT ZWEI STRICHE IM GEWÜNSCHTEN ABSTAND AUF DEN DAUMEN.

▷ ORDNUNG IN DER STOFFKISTE SCHAFFT MAN, WENN MAN VON STOFFRESTEN DIE ART UND GRÖSSE AUF EINEN ZETTEL SCHREIBT UND MIT EINEM GUMMIRING AM STOFFREST BEFES-TIGT.

▷ BESTES BEISPIEL FÜR UPCYCLING: MIT BLUMEN-, STREIFEN-ODER KAROMUSTERN AUS DER GUT SORTIERTEN STOFFKISTE KANN MAN KREATIV KLEIDUNG FLICKEN ODER EIN SPANNEN-DES OUTFIT SCHNEIDERN. MUTIGE KOMBINIEREN STREIFEN MIT BLUMEN ODER PUNKTE MIT KAROS. ERLAUBT IST, WAS GEFÄLLT.

▷ EIN TIPP DER AUTORIN: KRAGEN UND MANSCHETTEN SIND DIE SCHWACHSTELLEN AN HEMDEN UND BLUSEN. DORT GEHEN DIESE KLEIDUNGSSTÜCKE AM EHESTEN KAPUTT. WEIL DER REST, 90 PROZENT, NOCH IN ORDNUNG IST, LOHNT ES SICH, DEN KRAGEN-WECHSEL-DICH-SERVICE DER FULDAER FIRMA BRAINSHIRT ZU BEMÜHEN UND EINEN NEUEN KRAGEN ODER NEUE MANSCHETTEN ANNÄHEN ZU LASSEN. WWW.BRAINSHIRT.EU

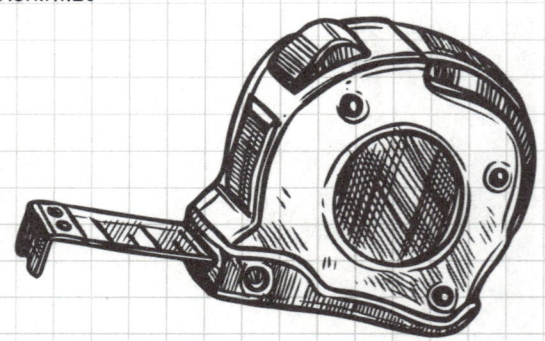

SCHUHE & LEDER

Glanzvoll: Oma Charlottes Pflegetipps für Schuhe

Schuhe sind genauso pflegebedürftig wie Kleidung. Aber nicht alles, was in fertig bestückten Schuhputzkästen, die zwischen 15 und knapp 200 Euro kosten, wird auch wirklich für die Pflege von Schuhwerk benötigt. Mit einigen erprobten Hausmitteln hat man immer einen glanzvollen Auftritt.

Das Handwerkszeug

Am Anfang jeder Schuhpflege steht die Reinigung. Dazu benutzt man am besten ein feuchtes Tuch. Damit wird gleich nach dem Tragen der Schuhe Schmutz und Staub entfernt. Danach kommen verschiedene Utensilien und Pflegemittel zum Einsatz:

▷ **Schmutzbürste aus Pferdehaar** – damit wird der grobe Schmutz von der Schuhsohle abgebürstet. Bei Wanderschuhen mit derberem Leder kann man damit auch das Leder abbürsten.

▷ **Schuhputztücher** zum Auftragen von Schuhcreme. Dazu kamen bei Oma Charlotte zerschlissene Hand- und Küchentücher sowie alte Socken zum Einsatz.

▷ **Tiegel- oder Auftragebürsten** – damit kommt man besser in Kanten, Ecken und Verzierungen heran und hinein.

▷ **Polierbürsten aus Rosshaar** – damit wird der Schuh poliert. Dabei wird nach alter Kutscher-Tradition auch mal kräftig aufs Leder gespuckt.

▷ **Krepp- oder Wildlederbürste** – mit der wird der feine Flor des Rauleders beim Bürsten auf- und ausgerichtet. Oberflächlicher Staub und Schmutz wird mit abgebürstet.

▷ **Altes Zeitungspapier** ist eine große Hilfe bei der Schuhpflege. Man kann damit nasse Schuhe ausstopfen oder als Unterlage beim Putzen benutzen.

BLANK GEWIENERT – OMA CHARLOTTES PUTZ- UND PFLEGE-HACKS FÜR BLITZBLANKE SCHUHE

▷ LEDERPFLEGE GANZ NATÜRLICH: DAZU BRAUCHT MAN 60 ML OLIVENÖL UND 2 TEELÖFFEL BIENENWACHS. DIE WERDEN ERHITZT, BIS DAS BIENENWACHS GESCHMOLZEN IST, UND DANN MITEINANDER VERRÜHRT. TRÄGT MAN DIE MISCHUNG RE- GELMÄSSIG AUF DIE LEDERSCHUHE AUF, TROCKNET DAS LEDER NICHT AUS UND WIRD NICHT BRÜCHIG.

▷ KAUM ZU GLAUBEN, ABER LEDERSCHUHE KANN MAN MIT NIVEA-CREME PUTZEN UND PFLEGEN. DAZU ETWAS CREME AUF EIN BLATT KÜCHENKREPP GEBEN UND SCHUHE DAMIT SÄUBERN.

▷ FEUCHTE SCHUHE ODER STIEFEL WERDEN SCHNELL TROCKEN, WENN MAN SIE MIT ERHITZTEN ERBSEN BEFÜLLT.

▷ FEINWASCHMITTEL UND HAARSHAMPOO TAUGEN ZUR REI- NIGUNG VON WILDLEDERSCHUHEN. DAZU WIRD ETWAS WASCHMITTEL ODER HAARSHAMPOO IN WARMEM WASSER AUFGELÖST UND DIE SCHUHE DAMIT ABGERUBBELT. DANACH MIT KLAREM WASSER ABSPÜLEN UND ZUM TROCKNEN MIT ZEITUNGSPAPIER AUSSTOPFEN. LAST BUT NOT LEAST: WILD- LEDER MIT EINER BÜRSTE AUFRAUEN UND IMPRÄGNIEREN.

▷ LACKSCHUHE KANN MAN MIT OLIVENÖL PFLEGEN. DAS ÖL ETWAS EINZIEHEN LASSEN UND ANSCHLIESSEND DIE SCHUHE MIT EINEM SAUBEREN TUCH, AM BESTEN AUS BAUMWOLLE, POLIEREN.

▷ MIT EINEM RADIERGUMMI KANN MAN SALZRÄNDER VON WILD- LEDERSCHUHEN ENTFERNEN.

▷ DIE SCHNITTFLÄCHE EINER ZWIEBELHÄLFTE BENUTZT MAN, UM SALZRÄNDER VON GLATTLEDERSCHUHEN ZU ENTFERNEN.

▷ FLECKEN AUS LEDER (SCHUHE, KLEIDUNG, MÖBEL) KANN MAN MIT STEIF GESCHLAGENEM EIWEISS ENTFERNEN. DAZU DAS EIWEISS MIT EINEM WEICHEN TUCH IN DAS LEDER EINARBEITEN UND SO OFT WIEDERHOLEN, BIS DER FLECK WEG IST.

OMA CHARLOTTES REINIGUNGS- & PFLEGE-HACKS FÜR DIES & DAS

▷ OMAS MITTEL DER WAHL, UM FESTKLEBENDE ETIKETTEN ZU ENTFERNEN, WAR SPEISEÖL. DAZU DAS ÖL ERHITZEN, DANN MIT EINEM PINSEL DIE ETIKETTEN BESTREICHEN. NACH KURZER ZEIT KANN MAN DAS PAPIERSCHILD ABLÖSEN.

▷ ROSTIGE GITTERSTÄBE WERDEN WIEDER BLANK, WENN MAN SIE MIT EINER DRAHTBÜRSTE REINIGT UND DANACH MIT LEINÖL EINSTREICHT. DANACH KANN MAN ÖLFARBE AUFTRAGEN.

▷ ÖLGEMÄLDE ERSTRAHLEN FARBENFROH, WENN MAN SIE ENTSTAUBT UND DANN MIT DER SCHNITTFLÄCHE EINER HALBEN ROHEN KARTOFFEL ABREIBT. SCHMUTZIG GEWORDENE SCHNITTFLÄCHEN IMMER WIEDER ABSCHNEIDEN. ZUM SCHLUSS MIT EINEM NEBELFEUCHTEN SCHWAMM LEICHT NACHWISCHEN.

▷ FLECKEN (AUCH TINTENFLECKE) AUF MARMOR KANN MAN MIT EINEM TINTENRADIERER ENTFERNEN.

▷ NÄGEL UND HAKEN KANN MAN LEICHTER IN DIE WAND SCHLAGEN, WENN MAN DIESE VORHER EINE WEILE IN ÖL LEGT.

▷ FLASCHEN, TÖPFE UND ANDERE BEHÄLTER, WIE BEISPIELSWEISE DEN APFELWEINKANISTER, WERDEN NACH DEM AUSWASCHEN GERUCHSNEUTRAL, WENN MAN SCHWARZES SENFMEHL MIT HEISSEM WASSER ANRÜHRT, IN DAS GEFÄSS FÜLLT UND EINEN TAG STEHEN LÄSST. MIT WASSER GRÜNDLICH NACHSPÜLEN.

▷ HART GEWORDENE FARBPINSEL WERDEN WIEDER WEICH, WENN MAN MIT DEM HAMMER DIE BORSTEN WEICHKLOPFT UND SIE DANN GROSSZÜGIG MIT SCHMIERSEIFE EINREIBT. 24 STUNDEN LIEGENLASSEN UND MIT WARMEM SODAWASSER AUSWASCHEN.

AUS ALT MACH NEU: DIE REPARATUR-CAFÉS

Das Gerät, das am meisten zur Abfallvermeidung beiträgt und damit Ressourcen schont, ist das Gerät, das man bereits besitzt. Ganz nach diesem Leitgedanken werden Reparatur-Cafés von unterschiedlichen Trägern angeboten. Hier beraten und helfen ehrenamtliche Experten den Ratsuchenden bei der Instandsetzung von defekten Elektrogeräten, Fahrrädern, Spielzeug, Textilien und anderen Haushaltsgeräten. Die meist monatlich stattfindenden Reparaturveranstaltungen sind kostenlos. Es wird weder Eintritt erhoben, noch muss man für die Reparaturhilfe bezahlen.

UPCYCLING ODER DAS ZWEITE LEBEN VON GEBRAUCHSGEGENSTÄNDEN

Alte, aus der Mode gekommene oder ihrer Funktion enthobenen Gebrauchsgegenstände von Kleidung bis Möbel, von Gläsern bis Zeltplanen werden „aufgehübscht", umfunktioniert und erhalten eine neue Wertigkeit. Damit ist „Upcycling" eine Form der Wiederverwertung, setzt ein Zeichen gegen die weltweite Wegwerfmentalität und trägt dazu bei, Rohstoffe und Ressourcen zu schonen. Allein in Europa werden jährlich 2 Millionen Tonnen Textilmüll produziert. Das ergab eine Studie des nachhaltigen Amsterdamer Mode-Start-ups Labfresh. Untersucht wurden darin die 15 größten textilverschmutzenden Länder Europas – einschließlich Deutschland. 75 Prozent davon landen auf dem Müll, weil immer öfter billig produziert wird, sie von schlechter Qualität sind und deswegen nicht wiederverwertbar. Noch nicht einmal als Dämmstoff können die Textilien dienen. Nur 25 Prozent der entsorgten Textilien können recycelt werden. Der Begriff wurde erstmals 1994 von dem Ingenieur Reiner Pilz in der britischen Zeitschrift „Salvo" benutzt.

Wahrscheinlich hat jeder von uns schon einmal „upgecycelt". Egal, ob man aus alten Jeans ein Täschchen näht oder aus Klorollen eine knallbunte Ostertischdekoration bastelt. „Upcycling" ist jedoch keine neue Erfindung. Es ist vielmehr in ärmeren Haushalten oder in der Dritten Welt auch eine

Notlösung. So verarbeiten beispielsweise die afrikanischen Massai alte Motorradreifen zu Schuhen. Doch nicht nur in ärmeren Gesellschaften ist das Wiederverwerten mit Mehrwert ein Thema. Schon meine Oma Charlotte strickte aus aufgetrennten Pullovern Socken oder nähte aus einer alten Leinentischdecke eine schicke Bluse. Heute trägt man mit Stolz eine coole Tasche gefertigt aus ehemaligen Zeltplanen über der Schulter.

Der Kreativität sind beim Upcycling keine Grenzen gesetzt.

Gesundheit und Wohlbefinden

OMA CHARLOTTES NATURHEILMITTEL FÜR MEHR GESUNDHEIT UND WOHLBEFINDEN SIND BEI LEICHTEN INFEKTEN, KLEINEN WUNDEN ODER ANDEREN WEHWEHCHEN OFT DIE BESSERE WAHL ALS PHARMA-PILLEN AUS DEM APOTHEKERSCHRANK. NATURHEILMITTEL SIND ZUDEM MEIST UMWELTFREUNDLICHER, KOSTENGÜNSTIGER UND OHNE BZW. MIT VIEL GERINGEREN NEBENWIRKUNGEN ALS ANTIBIOTIKA & CO AUS DEM LABOR. AUCH KNEIPP-ANWENDUNGEN, BÄDER UND WICKEL SOWIE DAS WISSEN UM DIE WIRKUNG VON WÄRME UND KÄLTE GEHÖRTEN IN OMAS GESUNDHEITSFÖRDERNDES REPERTOIRE. SIE KANNTE AUCH NOCH DIE TRADITIONELLEN ANWENDUNGEN UND ZUBEREITUNGEN VON HEILSAMEN KRÄUTERN, ÖLEN UND TINKTUREN. ABER NICHT IN JEDEM FALL KANN DIE TRADITIONELLE NATURMEDIZIN EINEN ARZTBESUCH ERSETZEN. NÄMLICH IMMER DANN, WENN ES SICH UM EINE SCHWERE ERKRANKUNG HANDELT ODER SICH DIE SYMPTOME NICHT INNERHALB KURZER ZEIT DEUTLICH VERBESSERN, MUSS DER ERSTE GANG ZUM ARZT FÜHREN. ABER AUCH ZAHLREICHE GESUNDHEITS-HACKS WIE ZUCKER GEGEN SCHLUCKAUF, BUTTERMILCH GEGEN SONNENBRAND ODER HEILSAME FORMELN WURDEN IN UNSERER FAMILIE VON EINER GENERATION ZUR NÄCHSTEN VERERBT.

APOTHEKE KRÄUTERGARTEN: OMA CHARLOTTES 12 WICHTIGSTEN HEILKRÄUTER & DEREN WIRKUNG

Kamille-Kompressen bei Prellungen, Sonnenhut zur Stärkung des Immunsystems und Borretsch für mehr Energie, das sind nur drei Beispiele aus Omas reichem Wissensschatz von Kräutern und deren Wirkung. Mit Pflanzen zu heilen ist die älteste Therapieform der Welt. Die Ergebnisse, die auch meine Oma damit erzielte, waren beeindruckend.

▷ **Arnika** (Arnica montana) ist heute in der modernen und alternativen Medizin ein vielfach eingesetztes Mittel gegen rheumatische Erkrankungen, stumpfe Verletzungen wie Zerrungen, Prellungen, Verstauchungen und zur Wundversorgung, beispielsweise nach einer Zahn-OP. In der Volksmedizin, so wie von Oma Charlotte praktiziert, kam Arnika auch zur Stärkung des Kreislaufs, bei Herzbeschwerden, allgemeinem Schwächegefühl sowie bei großflächigen Blutergüssen zum Einsatz.

▷ **Baldrian** (Valeriana officinalis) gehört zu den ältesten Heilkräutern überhaupt. In der Wurzel liegt die Kraft des Baldrians. Bekannt ist die Heilpflanze für ihre beruhigende und schlaffördernde Wirkung. In Salbe gebunden, soll Baldrian Wunden und Hauterkrankungen heilen. Für das Wohlbefinden der Hofkatzen steckte Oma Charlotte Baldrianblätter und -wurzeln in ein Säckchen und verteilte diese.

▷ **Beinwell** (Symphytum officiale) fördert das Zellwachstum, wirkt adstringierend, beruhigend, wundheilend und schleimlösend. Im Volksmund wird das Kraut „Knochenkitter" genannt, weil es das Wachstum von Knochen-, Knorpel- und Muskelzellen anregt. Die Blätter werden abgekocht und zu Brei oder Salbe verarbeitet. Dies hilft äußerlich angewendet bei Prellungen, Gichtknoten, rheumatischen Beschwerden und bei der Wundheilung. Eine Abkochung bringt Erleichterung bei Husten und anderen Erkrankungen der Bronchien.

▷ **Borretsch** (Borago officinalis) „bringt neuen Mut", wie es der Kräuterkundler John Gerard bereits im späten 16. Jahrhundert formulierte. Die Blätter und hübschen blauen Blüten stimulieren die Nebennieren, die Heilpflanze wirkt außerdem fiebersenkend, schleimlösend und antirheumatisch. Im Salat sehen die blauen Blüten ebenso hübsch aus, wie in einem Eiswürfel gefroren in einem sommerlichen Getränk. Tee von getrockneten Blättern brühte meine Oma, um trockenen Husten, auch Keuchhusten, und Fieber zu lindern.

▷ **Brennnessel** (Urtica dioica) wird in den meisten Gärten zu Unrecht als „Unkraut" bekämpft. Sie wirkt adstringierend, harntreibend, blutstillend, regt den Kreislauf an und senkt den Blutzuckerspiegel. Oma Charlotte kochte aus jungen Blättern schmackhaftes Gemüse. Als Tee zubereitet, reinigt die Brennnessel den Körper und soll bei Arthritis, Rheuma und Gicht helfen. Als Abkochung kann man Verbrennungen, Insektenstiche und Wunden behandeln.

▷ **Johanniskraut** (Hypericum perforatum) soll als Tinktur bei Angst, Depression, Nervosität und Reizbarkeit helfen. Waschungen mit einem Aufguss werden traditionell bei Verletzungen, wunden Hautstellen und Prellungen vorgenommen. In Cremes findet Johanniskraut, das bereits die Ritter des Johanniterordens zur Versorgung von Wunden auf dem Schlachtfeld benutzten, gegen Verstauchungen, Muskel- oder Gelenksentzündungen und Neuralgien Verwendung. Bei Gelenkentzündungen erhöhen einige Tropfen Schafgarbe die Wirkung.

▷ **Kamille** (Matricaria chamomilla) ist eine sehr vielseitige Heilpflanze. Als Tee lindert sie Magenschmerzen und Verdauungsstörungen. Ihre Blüten im Dampfbad lindern die Symptome von Erkältungskrankheiten. Eine Abkochung kann als Mund- und Augenspülung bei Entzündungen eingesetzt oder als pflegende Kräuterspülung für die Haare verwendet werden. Öl in Kombination mit Ringelblumenblüten hilft bei nervösen Angstzuständen.

▷ **Ringelblume** (Calendula officinalis) wirkt hauptsächlich antiseptisch, entzündungshemmend und wundheilend. Die knallorangenen Blütenköpfe werden in Salben oder Ölen verarbeitet. Ringelblumensalbe macht beispielsweise raue Hände zart und lindert Sonnenbrand. Als Kompresse soll Calendula bei schlecht heilenden Wunden helfen, als Mundspülung bei Zahnfleischerkrankungen, als Aufguss getrunken bei Problemen im Klimakterium, Gastritis und Entzündungen der Speiseröhre.

▷ Um den **Schwarzen Holunder** (Sambucus nigra) ranken sich viele Legenden. Bereits bei den Germanen war der Holunder sehr geachtet. Er galt als Sitz der Göttin Holder oder Holla, Verkörperung der Mutter Erde, Beschützerin des Lebens, der Neugeborenen, der Tiere und der Pflanzen. Unter dem „Hollerbusch" wurden der Erdgöttin Opfergaben dargebracht, um sich Schutz vor Krankheiten oder um Kindersegen zu bitten. Als Frau Holle ist die Göttin noch heute aus Grimms Märchen bekannt. Zu Großmutters Zeiten spielten Kinder Verstecken unterm „Hollerbusch". Durch diesen erhielten ausgewählte Menschen Zutritt zu ihrem unterirdischen Reich. In Hessen soll am Hohen Meißner ihr einem Obst- und Blumengarten gleiches Reich unter dem Frau-Holle-Teich liegen. Tee und Aufgüsse von Hollerblüten wirken schleimlösend, schweiß- und harntreibend sowie entzündungshemmend. Ebenso die Beeren, die reich an Vitamin A und C sind. Oma Charlotte kochte aus den schwarzen Beeren Sirup, der dann im Winter getrunken wurde, um Erkältungen vorzubeugen. Zwei Esslöffel Holunderblütensirup und ein Schuss Zitronensaft mit Lindenblütentee aufgegossen ergeben ein wirksames Heilmittel gegen Nasen-Nebenhöhlen-Entzündungen. Schwarzer Holunder blüht von Ende Mai bis Anfang Juli mit schwer duftenden weißen Blütendolden. Die fanden in Omas Bauernküche vielfache Verwendung, wurden zu Sirup oder Gelee verarbeitet, für Holunderblütentee getrocknet oder in Pfannkuchenteig ausgebacken.

▷ **Salbei** (Salvia officinalis) wirkt entkrampfend, antiseptisch, verringert Schweiß- und Gallenfluss. Als Tee aus frischen Blättern stimuliert Salbei die Leber, fördert die Darmtätigkeit und stabilisiert den Kreislauf bei Schwächezuständen. In Cremes gebunden kommt Salbei bei kleinen Schnittwunden und Insektenstichen zum Einsatz. Aufguss kann man als Gurgelmittel bei Halsschmerzen, Mandelentzündungen und Zahnfleischleiden verwenden.

Schon die „Native Americans" in den Weiten der Prärie kannten die Heilkräfte des Sonnenhutes (Echinacea).

▷ **Schafgarbe** (Achillea millefolium oder „Augenbraue der Venus") Schafgarbe besitzt antiseptische Eigenschaften, wirkt blutreinigend und beruhigend. Im Garten ausgebracht soll sie auch Krankheiten bei den Nachbarpflanzen verhindern. Äußerlich angewendet reinigt ein Aufguss aus Schafgarbe die Haut. Aus frischen Blütenknospen kann man eine Gesichtspackung gegen unreine Haut anmischen. Der Sud von überbrühten Blüten hilft bei Heuschnupfen und leichtem Asthma. Im vor-antibiotischen Zeitalter wurde die Heilpflanze zur Behandlung offener Wunden genutzt.

▷ **Sonnenhut** (Echinacea purpurea) ist ein Einwanderer aus Amerika. Der prächtig blühende Sonnenhut wirkt antibiotisch, antiallergisch und stärkt das Immunsystem.

Amerikas Ureinwohner benutzten ihn bei Schlangenbissen, Fieber und schlecht heilenden Wunden. Auch bei Erkältungen und Grippe soll er helfen. Neuerdings sind seine virusbekämpfenden, pilztötenden und antibakteriellen Eigenschaften erforscht. Sonnenhut wird deswegen auch in der AIDS-Therapie eingesetzt.

▷ **Wacholder** (Juniperus communis). Mit Wacholderzweigen räucherte Oma Charlotte in den Raunächten (25.12. bis 06.01.) Haus und Stallungen aus, um Mensch und Tier vor Krankheit zu schützen. Mit Wacholderbeeren kann man nicht nur kochen und Gin herstellen, es gilt auch als harntreibendes und die Verdauung stärkendes Mittel. Deswegen gab es bei meinen Großeltern immer einen Wacholder-Aufgesetzten, der nach jedem schweren Essen auf dem Tisch stand. In der Volksmedizin gilt das aus den Beeren gewonnene Öl als Allheilmittel, zum Beispiel bei Arthritis, Gicht oder Muskelschmerzen. Aber auch bei Harnwegsinfektionen, Psoriasis sollen Wacholderöl und -cremes helfen.

Das Wissen um Heilkräuter aus der Natur erlebt seit einigen Jahren ein ganzheitliches Revival.

Die Zusatzbezeichnung „officinalis" im Pflanzennamen verweist darauf, dass diese Pflanze in der Heilkunde verwendet wird bzw. für medizinische Zwecke geeignet ist.

ACH DU „GRÜNE NEUNE"!

„Neunstärke" oder „Neunkräutersuppe" nannten unsere Ahnen das Frühlingsgericht, das als Vorläufer der mittlerweile nach EU-Verordnung als „ursprungsgeschützt" geadelten Frankfurter Grüne Soße bezeichnet werden kann. „Quatsch mit Soße", würde Oma Charlotte sagen. Denn sie bereitete, kaum dass auf der Wiese, am Wegesrand und in ihrem Garten die ersten Kräuter sprossen, eine grüne Soße mit dem essbaren Grün zu. Zu den bekanntesten essbaren Wildkräutern zählen Brennnesseln, Gundermann, Knoblauchsrauke, Löwenzahn, Schafgarbe, Scharbockskraut, Vogelmiere und die Wegerich-Arten. Achtung! Für einige Pflanzen besteht Verwechslungsgefahr, deswegen sollte man sich gut auskennen oder mit einer Kräuterfrau auf die Suche gehen.

Grie Soss von Wildkräutern

Rezept

500 G WILDKRÄUTER (WIE OBEN AUFGEZÄHLT, WAHLWEISE KANN MAN AUCH GUNDELREBE, TAUBNESSEL, WIESENKERBEL ODER GÄNSEBLÜMCHEN DAZU NEHMEN)
2 BECHER SCHMAND
1 TL SENF
1 TL MEERRETTICH
SAFT EINER ½ ZITRONE
ZITRONENPFEFFER, SALZ, ZUM WÜRZEN

Zubereitung

Wildkräuter gründlich waschen, ggf. Blätter vom Stängel zupfen. Anschließend mit einem sehr scharfen Messer oder Wiegemesser sehr, sehr fein hacken. Schmand, Senf, Meerrettich unter die Kräuter heben. Mit Zitronensaft, Salz und Pfeffer abschmecken. Im Kühlschrank ca. 4 Stunden durchziehen lassen, gegebenenfalls nachwürzen. Schmeckt mit frischen Kartoffeln und gekochten Eiern genauso gut wie mit Tafelspitz.

Omas Brennnesselsuppe

Kann man nur im Frühjahr zubereiten, wenn die Brennnesseln neu austreiben.

500 G KARTOFFELN
250 G FRISCH GEPFLÜCKTE, JUNGE BRENNNESSELBLÄTTER
50 G BUTTER
1 L HÜHNERBRÜHE
5 EL SAURE SAHNE
SALZ, SCHWARZER PFEFFER, ZUM WÜRZEN

Zubereitung

Kartoffeln schälen, in dicke Scheiben schneiden. Brennnesseln waschen und grob hacken. Kartoffeln in Salzwasser 10 Minuten kochen, dann abschütten. Butter in einem Topf erhitzen und die Brennnesseln darin dünsten. Derweil die Hühnerbrühe erhitzen, dann mit den vorgekochten Kartoffeln dazugeben. Alles zusammen weitere 10 Minuten köcheln. Sobald die Kartoffeln weich sind, wird alles durch ein Sieb gepresst und die Suppe mit Salz und Pfeffer abgeschmeckt. Zum Schluss die saure Sahne unterheben.

Wilde Kräuter: Gesundes von der Wiese.

ALTBEWÄHRTES WISSEN ÜBER DIE ZUBEREITUNG VON GESUNDHEITSFÖRDERLICHEN HAUSMITTELN

Mit Oma Charlotte Kräuter und Beeren im Garten, aber auch im Wald und auf der Wiese sammeln, das war für mich ein spannender Spaß. Denn sie kannte alle wilden Heilkräuter von Schafgarbe bis Spitzwegerich sowie die heilsamen Gartenkräuter von Arnika bis Calendula und wusste, wann sie gepflückt werden mussten, um ihre ganze Kraft zu entfalten. Kräuter, Tannenzapfen und Holunderblüten wurden entweder getrocknet oder es wurden in ihrer Bauernhausküche daraus heilsame Tränke, Tinkturen und Salben hergestellt.

Ernten & Trocknen von Heilkräutern:
Kräuter ernten will gelernt sein. Denn jedes Kraut hat eine passende Erntezeit. Faustregel: Kräuter sollten unmittelbar vor der Blüte geerntet werden. Das Aroma und die Wirkstoffe sind dann noch in den Blättern konzentriert. Auch das Wetter muss mitspielen. Es sollte bei der Ernte unbedingt trocken sein. Dann werden die geernteten Kräuter zu schönen Sträußen gebunden und verkehrtherum aufgehängt, was sehr pittoresk in der Küche aussieht. Die Kräutersträuße sollten nicht zu groß sein, die Luft muss zwischen den Blättern zirkulieren können. Man kann die geernteten Kräuter aber auch auf ausgebreitetem Zeitungspapier oder einem großen Holztablett für etwa 24 Stunden an einem trockenen Ort trocknen, aber nie zu nah an einer Wärmequelle. Die Blätter sollen nämlich grün bleiben und nicht braun werden. Nach dem Trocknen sollte man die Blätter und Stängel mit den Händen zerreiben und in trockene, am besten dunkle Gläser füllen. In hellen Gläsern verlieren Kräuter schnell ihren Geschmack und müssen deswegen im Schrank möglichst dunkel aufbewahrt werden.

Herstellen von Kräutertees und -aufgüssen:
Ein Aufguss ist nichts anderes als ein Tee und die einfachste Form, Heilpflanzen zu verwenden. Dazu benötigt man Wasser, das den Siedepunkt kurz überschritten hat, also nicht

mehr sprudelt. Grundmengen: 30 g getrocknete oder 75 g frische Kräuter auf 500 ml Wasser. Anwendung: 3 x täglich eine Tasse.

Herstellen eines Absuds:

Dazu verwendet man Wurzeln, Rinden, Zweige und Beeren. Das Kraut wird in kaltem Wasser angesetzt, dann erhitzt, und soll danach eine Stunde bei geringer Hitze köcheln. Dabei werden den Zutaten mehr Wirkstoffe entzogen als bei der Zubereitung eines Aufgusses/Tees. Grundmengen: 30 g getrocknetes oder 60 g frisches Kraut, 750 ml Wasser (reduziert sich durchs Köcheln auf etwa 1 Liter). Anwendung: 3 x täglich 1 Tasse.

Herstellung von Tinkturen:

Dazu werden getrocknete oder frische Kräuter in eine 25-prozentige Mischung aus Wasser und Alkohol eingelegt. Verwendet werden können alle Pflanzenteile. Der Alkohol entzieht den Heilpflanzen ihre Wirkstoffe und wirkt konservierend. Tinkturen sollten aus einzelnen Kräutern hergestellt werden und können dann miteinander gemischt werden. Für die selbstgemachten Tinkturen kann man verdünnte Spirituosen, am besten Wodka, weil geschmacksneutral, verwenden. Grundmengen: 200 g getrocknetes oder 600 g frisches Kraut, 1 Liter Mischung aus Alkohol und Wasser (3 Teile Alkohol, 1 Teil Wasser). Herstellung: Heilpflanzen in ein großes Glas mit Schraubverschluss füllen und mit der Alkohol-Wasser-Mischung auffüllen. 2 Wochen kühl und dunkel stellen, gelegentlich schütteln. Anschließend durch ein Seihtuch in eine dunkle, in kochendem Wasser desinfizierte Flasche füllen und verkorken (!). Rückstand kann man auf den Kompost geben. Anwendung: 3 x täglich 5 ml der Tinktur mit Wasser verdünnt einnehmen. Etwas Honig oder Fruchtsaft lindern den oft strengen, bitteren Medizin-Geschmack.

Herstellung von Sirup:

Zur Konservierung von Aufgüssen und Absuden dient Honig oder Rohrzucker. Honig hat zwei Vorteile: den besseren Geschmack und die heilsame, beruhigende Wirkung. Grundmengen: 500 ml Aufguss oder Absud, 500 g Honig oder Rohrzucker. Herstellung: Aufguss/Absud in einem Topf erhitzen, Honig oder Rohrzucker zugeben und so lange rühren, bis er sich aufgelöst hat. Abkühlen lassen und dann in eine dunkle, zuvor in kochendem Wasser desinfizierte dunkle Glasflasche füllen und mit einem Korken (!) verschließen. Anwendung: 3 x täglich 5–10 ml.

Herstellung von Ölen:
Pflanzliche Wirkstoffe kann man in Heilkräuter-Öle auf zwei Arten extrahieren, nämlich einem heißen oder einem kalten Aufguss. Bewahrt man Aufgussöle kühl und dunkel auf, können sie bis zu einem Jahr halten. Grundmengen: 250 g getrocknete oder 750 g frisches Kraut, 500 ml Sonnenblumenöl. Herstellung heißer Aufguss: Öl und Kräuter im Wasserbadgeschirr über köchelndem Wasser 3 Stunden simmern lassen, Mischung durch ein Seihtuch filtern, Masse ausdrücken, danach in eine dunkle, in kochendem Wasser desinfizierte, luftdichte Flasche füllen, verkorken. Herstellung kalter Aufguss: Schritt 1: Kräuter in ein großes Glas füllen, mit Öl übergießen, bis alle Kräuter gut bedeckt sind, und 2–3 Wochen auf die sonnige Fensterbank oder in ein

Die Apotheke der Natur ist reich bestückt.

Gewächshaus stellen. Schritt 2: Danach die Mischung durch ein Seihtuch in ein Glasgefäß filtern und die Kräuter-Rückstände gut ausdrücken. Dann wiederholt man Schritt 1 und 2 mit neuen Kräutern und dem bereits gewonnenen Öl. Das Kräuteröl in eine dunkle, zuvor in kochendem Wasser desinfizierte Glasflasche füllen und mit einem Korken (!) verschließen. Anwendung: hauptsächlich bei Hauterkrankungen und Verletzungen. Denn Öle lassen sich unkompliziert auf die Haut auftragen und ziehen schnell ein. Dadurch lässt sich der Heilungsprozess beschleunigen.

Herstellung von Cremes:

Cremes sind eine Mischung aus Wasser und Fetten. Sie können mit emulgierenden Salben aus der Apotheke hergestellt werden. Selbst hergestellte Cremes halten kühl und dunkel aufbewahrt mehrere Monate. Standardmenge: 150 g emulgierende Salbe, 70 ml Glyzerin, 80 ml Wasser, 30 g getrocknetes Kraut. Herstellung: Fette, Wasser und Kraut/Kräuter im Wasserbadgeschirr über köchelndem Wasser 3 Stunden simmern lassen. Brei über ein Seihtuch in ein Glasgefäß filtern, dann ausdrücken, dabei Handschuhe tragen! Entstandene Mischung so lange rühren, bis sie erkaltet ist, und dann mit einem (Kosmetik-)Spachtel in Näpfchen/Gläschen füllen. Anwendung: Cremes werden lokal auf der

Natürlich schön mit selbst hergestellten Cremes aus der Natur-Apotheke.

Haut oder den Schleimhäuten aufgetragen. So kann der Wirkstoff direkt in die Haut eindringen. Cremes unterstützen die Heilwirkung, pflegen und schützen.

Herstellung von Salben:
Eine Salbe unterscheidet sich von einer Creme durch ihre Inhaltsstoffe. In Salben sind nur Öle und Fette enthalten. Salben sind bei erkrankter Haut oder als Feuchtigkeitsschutz das Mittel der Wahl. Oma Charlotte stellte ihre berühmte Ringelblumensalbe mit einer Basis aus Schmalz her. Heute nimmt man Vaseline oder Paraffinwachs. Standardmenge: 500 g Vaseline oder Paraffinwachs, 60 g getrocknetes Kraut/ Kräuter. Herstellung: Basis (Wachs, Vaseline) in einer Schüssel auf einen Topf mit kochendem Wasser setzen, die Kräuter dazugeben, gut rühren und 2 Stunden simmern. Danach die Mischung durch ein Seihtuch in ein Glasgefäß drücken, dabei Handschuhe tragen! Die noch flüssige Mischung in desinfizierte Glasbehälter gießen und verschließen. Anwendung: siehe Cremes.

Cremes & Salben aus Aufgussölen:
Sie können mit Bienenwachs und wasserfreiem Lanolin hergestellt werden. Grundmengen für Cremes: 25 g Bienenwachs, 25 g Lanolin, 100 ml Aufguss-Öl, 50 ml Kräutertinktur. Herstellung: wie bei Cremes & Salben beschrieben. Grundmengen für Salben aus Aufgussölen: 25 g Bienenwachs, 25 g wasserfreies Lanolin, 100 ml Aufguss-Öl. Herstellung der Salben: Bienenwachs und Lanolin schmelzen, Aufguss-Öl dazugeben, gut miteinander verrühren. Die noch warme Mischung in desinfizierte Töpfchen oder Gläser gießen und verschließen.

ABMESSEN VON HEILMITTELN

1 ml = 20 Tropfen
5 ml = 1 Teelöffel
20 ml = 1 Esslöffel
150 ml = 1 Weinglas

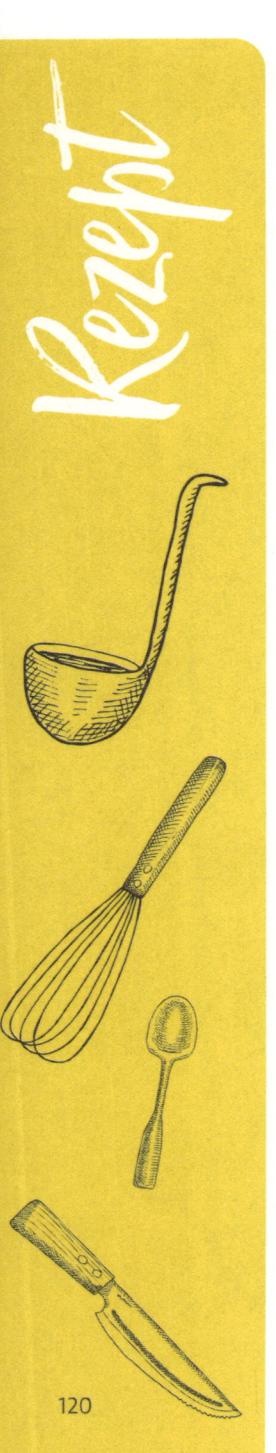

Fruchtsirup

3 KG FRÜCHTE (ERDBEEREN, HIMBEEREN, JOHANNISBEEREN,
HOLUNDER, VON HOLUNDERBLÜTEN NIMMT MAN 10 – 12 DOLDEN)
30 G ZITRONENSÄURE
1 KG ZUCKER
1 P. EINMACHHILFE
1 LITER WASSER, ABER IMMER SO VIEL, DASS DAS EINMACHGUT
GUT BEDECKT IST

Zubereitung

Früchte verlesen und gut waschen. Früchte mit Zitronensäure und 1 l kaltem Wasser aufsetzen. Alles für 24 Stunden
zugedeckt und kühl ruhen lassen. Die Masse durch ein Sieb
oder Seihtuch drücken. Auf 1 l Saft rührt man 1 kg Zucker
sowie die Einmachhilfe. Solange rühren, bis sich alles aufgelöst hat. Flüssigkeit zum Kochen bringen, aufkochen und
erkalten lassen. Danach wird der Sirup in vorher in kochendem Wasser desinfizierte Flaschen gefüllt und verschlossen.
Kühl, dunkel und trocken gelagert hält der Sirup einige Monate. Er sollte aber immer wieder kontrolliert werden.

Hustensirup à la Oma Charlotte

300 – 350 G FRISCH GEERNTETE TANNENSPITZEN (SIE DÜRFEN
MAXIMAL 3 – 5 CM LANG SEIN, BESTE ERNTEZEIT: MAI)
1 KG ZUCKER AUF EINEN LITER ABKOCHUNG

Zubereitung

Tannenspitzen in einen Topf geben, mit Wasser auffüllen.
Die Tannenspitzen müssen gut bedeckt sein. 30 Minuten
köcheln, dann durch ein Seihtuch abseihen und erkalten lassen. Auf 1 Liter entstandene Flüssigkeit nimmt man 1 Kilo Zucker, damit kocht man den Sirup ein. Dann wird der Sirup in
vorher in kochendem Wasser desinfizierte Flaschen gefüllt
und verschlossen. Kühl, dunkel und trocken aufbewahren.

Aufgesetzter Wacholderschnaps oder Gin à la Oma Charlotte

1 L HELLEN SCHNAPS (HOCHWERTIGEN KORN)
250 G BRAUNEN ZUCKER
1 HANDVOLL WACHOLDERBEEREN
1 ZWEIG VOM WACHOLDERSTRAUCH (KANN, MUSS NICHT!)

Zubereitung
Den Wacholderzweig abklopfen, so entfernt man mögliche tierische Gäste. Den Zweig nun zusammen mit den Beeren in eine dickbauchige Flasche geben. Mit Korn auffüllen. Etwa 8 Wochen an einen sonnigen Platz stellen. Den fertigen Schnaps abseihen und in eine lichtundurchlässige Flasche füllen. Opa hat nach jedem Essen einen Schluck davon zur Verdauung genommen.

Rezept

OMA CHARLOTTES GESUNDHEITS-HACKS
UMSCHLÄGE, HALS-, BRUST- UND WADENWICKEL

▷ QUARKWICKEL HELFEN GEGEN HALSENTZÜNDUNGEN. DAZU QUARK, AM BESTEN MAGERSTUFE, AUF EIN TUCH STREICHEN, UM DEN HALS LEGEN, MIT EINEM SCHAL FIXIEREN UND ÜBER NACHT WIRKEN LASSEN.

▷ KALTE WADENWICKEL HELFEN DAS FIEBER ZU SENKEN. DAZU WERDEN BEI DER MODERNEN VARIANTE ZWEI FEUCHTE HANDTÜCHER FÜR 30 MINUTEN INS EISFACH GELEGT, DANACH UM DIE WADEN GEWICKELT UND MIT EINEM TROCKENEN TUCH FIXIERT. DEN VORGANG KANN MAN MEHRMALS WIEDERHOLEN.

▷ KARTOFFELN WIRKEN WIE WÄRMESPEICHER. DESWEGEN MACHTE MIR MEINE OMA BEI HALSSCHMERZEN, HUSTEN ODER MUSKELVERSPANNUNGEN EINEN KARTOFFELWICKEL. DAZU WERDEN KARTOFFELN GEKOCHT, HEISS ZERDRÜCKT UND AUF EIN TUCH GELEGT. DAS WIRD DANN MÖGLICHST WARM UM DEN HALS GEWICKELT. DRUMHERUM KAM EIN WOLLTUCH. KARTOFFELWICKEL AUF DEN RÜCKEN PLATZIERT REGEN DURCH IHRE WÄRME DIE SELBSTHEILUNGSKRÄFTE BEI BRONCHITIS UND RÜCKENSCHMERZEN AN.

▷ BELIEBT BEI OMA CHARLOTTE WAREN WÄRMEKISSEN. DIESE WURDEN MIT KIRSCHKERNEN GEFÜLLT. VOR GEBRAUCH WIRD DAS MIT KERNEN BEFÜLLTE KISSEN IM BACKOFEN 10 BIS 15 MINUTEN BEI 150 GRAD ERWÄRMT UND DANN MÖGLICHST HEISS AUF DIE SCHMERZENDE STELLE GELEGT.

▷ HEUTE ETWAS MAKABER, ABER MEINE OMA SCHWOR AUF KATZENFELL. IN EINEM DER BÜCHER, DIE SIE MIR VERMACHTE, STEHT: „BEI STARKEN RÜCKENSCHMERZEN, DIE OFT VON EINER ERKÄLTUNG HERRÜHREN, TRÄGT MAN BEI TAG UND BEI NACHT EIN DUNKLES KATZENFELL, WAS MAN IN JEDER DROGERIE KAUFEN KANN."

KUREN WIE OMA CHARLOTTE: DIE FASTENKUR

Körper und Seele reinigen, den Stoffwechsel anregen und das Immunsystem stärken, darum geht es beim Fasten.

Fastenkur:
Jesus ging 40 Tage ohne Proviant in die Wüste und überlebte nur von Tautropfen und ohne einen einzigen Bissen. 1.500 Jahre später mahnte die Universalgelehrte und Medizinerin Hildegard von Bingen beim Fasten jedoch „Maß zu halten". In den Klöstern wurde nach dem Vorbild des Glaubensstifters 40 Tage gefastet. Allerdings nicht ganz ohne Essen. Einmal am Tag gab es feste Nahrung und reichlich Flüssigkeit. Verboten waren Fleisch, tierisches Fett, Süßigkeiten und Alkohol. Die beste Zeit fürs Fasten ist der frühe Frühling. Sieben Tage sind ein angebrachtes Maß. In diesen Tagen nimmt man keine feste Nahrung zu sich. Ausreichend Flüssigkeit in Form von Wasser, Tees und dreimal täglich Gemüsebrühe muss man jedoch zu sich nehmen. Die christliche Fastenzeit geht von Aschermittwoch bis Karfreitag. Muslime fasten während des Ramadans, dem neunten Monat des Islamischen Kalenders. Sie essen allerdings nach Sonnenuntergang. Die Fastenzeit, egal nach welchem Vorbild, ist nicht nur eine Zeit des Verzichts, sondern auch der inneren Einkehr und damit eine persönliche Bereicherung.

Fastentaugliche Gemüsebrühe

1 MÖHRE
1 KARTOFFEL
80 G SELLERIE
40 G PETERSILIENWURZEL
40 G LAUCH
1 TOMATE
100 G BLUMENKOHL
50 G GETROCKNETE ROTE LINSEN
5 PFEFFERKÖRNER

Rezept

Rezept

1 EL GEKÖRNTE GEMÜSEBRÜHE IN BIOQUALITÄT
1 TL GALGANTPULVER
½ TL ABRIEB VON EINER MUSKATNUSS
1 TL MAJORAN
1 TL PETERSILIE

Zubereitung

Gemüse waschen, putzen und in kleine Würfel schneiden. Gemüse, Brühe, Pfefferkörner und Linsen in 1 l kochendes Wasser geben. ½ Stunde köcheln lassen, zwischendurch Galgant und Muskatnuss dazugeben. Zuletzt Majoran und Petersilie einstreuen. Gemüse abseihen. Die Gemüsebrühe sollte während der siebentägigen Fastenkur möglichst täglich frisch gekocht werden.

KUREN WIE OMA CHARLOTTE: DIE KNEIPP-KUR

Sebastian Kneipp, Priester und Naturheilkundler aus Bad Wörrishofen, entdeckte im 19. Jahrhundert die Heilkraft des Wassers wieder. Zu den von ihm empfohlenen und nach ihm benannten Kneipp-Kuren, wie Wasser- und Tautreten, gehören aber auch eine auf Vollwertkost basierende Ernährungs- und Bewegungstherapie, eine Kräutertherapie auf Basis von Heilpflanzen, sowie eine Ordnungstherapie, die auf die Lebensführung ausgerichtet ist. Am bekanntesten sind aber wohl seine wasserbasierten Kuren – vom Wassertreten, Fußbädern bis zu wechselwarmen Güssen.

Wer nach der Lehre von Pfarrer Sebastian Kneipp sein Immunsystem positiv stimulieren will, der geht frühmorgens barfuß mehrere Minuten über eine taunasse Wiese. Danach muss man in der Wohnung so lange gehen, bis die Füße von alleine getrocknet sind.

Den alternativen Immun-Kick bekommt man morgens unter der Dusche. Kneipp und meine Oma propagierten die Wechseldusche, bei der man zuerst warm, dann eine Minute so kalt wie möglich duscht. Für ein starkes Immunsystem sollte man das nach Kneipp jeden Tag tun.

APOTHEKE KÜCHE & VORRATSSCHRANK: OMAS GESUNDHEITS-HACKS VON A BIS Z

NICHT NUR IM KRÄUTERGARTEN UND AUF DER WIESE FAND MEINE GROSSMUTTER ZUTATEN FÜR IHRE HEILKÜNSTE. AUCH IM VOR-RATSSCHRANK STAND SO MANCHES MITTEL, DAS SIE BEI LEICH-TEN ERKRANKUNGEN WIRKSAM EINZUSETZEN WUSSTE.

▷ APFELESSIG ENTHÄLT NEBEN DEN VIELEN NÄHRSTOFFEN DES APFELS ZAHLREICHE WEITERE WERTVOLLE VITAMINE, MINERALSTOFFE, SPURENELEMENTE UND ENZYME. SCHON DIE RÖMER KANNTEN SEINE DESINFIZIERENDE WIRKUNG. IN DER VOLKSMEDIZIN WURDE UND WIRD APFELESSIG ZUDEM GEGEN INSEKTENSTICHE, ZUM ENTGIFTEN VON LEBER UND NIEREN, SOGAR ZUR SENKUNG VON BLUTZUCKER UND BLUTFETTWER-TEN EINGESETZT.

▷ GEGEN DURCHFALL GAB ES IN MEINEN KINDERTAGEN EINEN GERIEBENEN APFEL. DAS ENTHALTENE PEKTIN QUILLT UND BINDET WEICHEN STUHL.

▷ BACKPULVER LINDERT SCHNELL UND GRÜNDLICH JUCKENDE IN-SEKTENSTICHE, WENN MAN ETWAS BACKPULVER MIT WASSER VERMISCHT UND AUF DEN STICH REIBT.

▷ ZU TIEF INS GLAS GESCHAUT? GEGEN DEN KATER AM NÄCHS-TEN MORGEN NIMMT MAN ZWEI MESSERSPITZEN BACKPULVER GELÖST IN EINEM GLAS WASSER EIN. GENAUSO HILFT ES BEI VÖLLEGEFÜHL UND SODBRENNEN.

▷ GEGEN SCHLAFSTÖRUNGEN WIRKT EIN WARMES BAD MIT 2 – 3 EL BALDRIANTINKTUR.

▷ DIE BRENNNESSEL KANN ISCHIAS-SCHMERZEN VERTREIBEN, WENN MAN DIE BETROFFENE STELLE MIT DEN TRIEBEN EINER ECHTEN BRENNNESSEL MEHRMALS BESTREICHT. DAS ANFÄNG-LICHE BRENNEN GEHT BALD IN WÄRME ÜBER.

▷ KARTOFFELN GEHÖREN ZU DEN NACHTSCHATTENGEWÄCHSEN UND ENTHALTEN ATROPIN. DAS WIRKT IN KLEINEN MENGEN BEI KRÄMPFEN LÖSEND ODER LINDERT MAGEN-DARM-SCHMER-ZEN. DER SAFT DER KARTOFFEL IST LEICHT ALKALISCH UND KANN ALS NATÜRLICHES MITTEL GEGEN MAGENVERSTIM-

MUNGEN ODER SODBRENNEN EINGESETZT WERDEN. WEITERE
VERWENDUNG SIEHE AUCH KARTOFFELWICKEL!

▷ MIT NELKENÖL KANN MAN INSEKTENSTICHEN VORBEUGEN,
INDEM MAN GESICHT, HÄNDE UND ARME DAMIT EINREIBT.

▷ NELKENÖL IST AUCH EIN ERSTE-HILFE-MITTEL BEI ZAHN-
SCHMERZEN. DAZU JEWEILS 2 TROPFEN AUF ZWEI STÜCK
WATTE GEBEN. EIN STÜCK STECKT MAN SICH ZWISCHEN
DIE SCHMERZENDEN ZÄHNE, DAS ANDERE INS OHR AUF DER
GESICHTSHÄLFTE, WO DIE ZAHNSCHMERZEN SIND.

▷ PETERSILIE HAT EINEN HOHEN GEHALT AN VITAMIN C, WAS
DAS IMMUNSYSTEM STÄRKT. ABER DAS VERMEINTLICHE AL-
LERWELTSKRAUT KANN VIEL MEHR: BLUTHOCHDRUCK SENKEN
ODER MUNDGERUCH BESEITIGEN ZUM BEISPIEL. AUSSERDEM
LINDERT PETERSILIE SONNENBRAND. BETROFFENE HAUTPAR-
TIEN DAMIT GROSSZÜGIG BELEGEN, ÖFTERS WECHSELN.

▷ PFEFFERMINZE IST EINE DER BEKANNTESTEN HEILPFLANZEN.
BEREITS HILDEGARD VON BINGEN VERWENDETE DAS VIELSEITI-
GE KRAUT. BEI OMA CHARLOTTE STANDEN MEHRERE PFEFFER-
MINZBÜSCHE IM GARTEN. GETROCKNET UND ZU TEE GEBRÜHT
SERVIERTE SIE KALTEN PFEFFERMINZTEE MIT ZITRONE ALS
ERFRISCHENDES GETRÄNK IM SOMMER, DENN MINZE KÜHLT.
ALS WARMEN TEE VERABREICHTE SIE DAS HEILKRAUT BEI
MAGEN-DARM-BESCHWERDEN, BEI ERKÄLTUNGSKRANKHEITEN
UND ZUR LINDERUNG VON KOPFSCHMERZEN.

▷ SALZ HILFT GEGEN SCHLUCKAUF. DAZU NIMMT MAN EINE
MESSERSPITZE SALZ AUF DIE ZUNGENSPITZE UND LÄSST SIE
DORT ZERGEHEN. IN WASSER GELÖST KANN MAN DAMIT GUR-
GELN. DAS IST EIN ALTES HAUSMITTEL GEGEN HALSSCHMER-
ZEN UND LEICHTE ERKÄLTUNGEN.

▷ SELLERIE IST EIN SUPERFOOD. ER LIEFERT REICHLICH VITAMIN
B1, B2, B6 UND C SOWIE KALZIUM, KALIUM UND TERPE-
NE. SELLERIE WIRKT ENTZÜNDUNGSHEMMEND. DESWEGEN
HILFT ER AUCH GEGEN RHEUMATISCHE BESCHWERDEN, IST
BLUTDRUCKSENKEND UND SOLL HILFREICH SEIN, DEN CHO-
LESTERINSPIEGEL ZU SENKEN. SO BEUGT MAN AUCH HERZ-
BESCHWERDEN MIT DEM VERZEHR DER KNOLLE VOR. WEGEN
DES HOHEN ANTEILS AN FLAVONOIDEN WIRD SELLERIE AUCH
BEI GELENKPROBLEMEN EMPFOHLEN. DENN DIE HABEN EINE

ENTZÜNDUNGSHEMMENDE, ANTI-OXIDATIVE WIRKUNG UND STÄRKEN DAS IMMUNSYSTEM.

▷ EINGEWACHSENE NÄGEL KANN MAN BESSER SCHNEIDEN, WENN MAN ÜBER NACHT EIN IN SPEISEÖL GETRÄNKTES LÄPPCHEN DARUM FIXIERT. AM NÄCHSTEN TAG LÄSST SICH DER NAGEL LEICHT BEARBEITEN.

▷ UM DAS GIFT AUS EINEM INSEKTENSTICH HERAUSZUZIEHEN, LEGT MAN EIN STÜCK ANGEFEUCHTETEN WÜRFELZUCKER AUF DIE WUNDE. SO LÄSST AUCH DER JUCKREIZ SCHNELL NACH.

▷ ZWIEBELN IN MILCH AUFGEKOCHT UND VERZEHRT, SOLLEN SIE FÜR SCHNELLES EINSCHLAFEN SORGEN UND ZU EINEM TIEFEN SCHLAF VERHELFEN.

Wadenwickel, Omas Wundermittel gegen Fieber.

APOTHEKE BIENENSTOCK

Die Bedeutung der Arbeit der Bienen und ihrem Honig für Menschen rückt gerade wieder ins öffentliche Interesse. Seit Anbeginn der Menschheitsgeschichte sammelt der Mensch Bienenhonig – auf der ganzen Welt und teilweise auf abenteuerliche Art. Im Garten von Oma hatte der Opa natürlich auch drei Bienenstöcke stehen. Er nahm den Bienen aber nicht ihren ganzen Honig, sondern ließ immer ausreichend für die Ernährung seiner Völker im Winter im Stock zurück. Vom selbst erzeugten Honig gab es für uns Kinder morgens einen Teelöffel voll direkt in den Mund. Denn Bienenhonig benutzte Oma Charlotte nicht nur als leckeres Süßungsmittel, sondern vielmehr als Heilmittel bei vielen leichten Erkrankungen.

▷ Milch mit Honig hilft beim besseren Einschlafen.
▷ Tücher mit Bienenwachs getränkt gibt es nicht erst seitdem über die Vermeidung von Verpackungsmüll nachgedacht wird und Bienenwachstücher eine schicke Alternative zu Plastikbeuteln sind. Oma Charlotte badete bereits Baumwolltücher in heißem Wachs und legte sie bei (Keuch-)Husten und Bronchitis möglichst heiß auf die Brust des Patienten. Die Auflage wurde mit einer Mullbinde fixiert und konnte so über Nacht einwirken.
▷ Bei leichten Verbrennungen kann man Honig auf die Wunde streichen. Mehrfach wiederholen, immer wenn eine Schicht getrocknet ist, bis eine feste Kruste entstanden ist. Die entzündungshemmenden Inhaltsstoffe des Honigs lindern den Schmerz und reduzieren Rötung und Schwellung. Die im Honig enthaltenen Mineralien und Vitalstoffe fördern die Neubildung der Haut.
▷ Honig auf nüchternen Magen eingenommen hilft gegen Schwangerschaftserbrechen.
▷ Bienengift wird traditionell gegen verhärtetes Narbengewebe und Warzen eingesetzt. Salben auf Basis von Bienengift gibt es in Apotheken.
▷ Propolis, der Waben-Kleber aus dem Bienenstock, hat eine keimtötende und das Immunsystem stimulieren-

de Wirkung. Er wird in der Volksmedizin gegen Pilze und Viren im Körper eingesetzt. Eine Kur sollte vier Wochen dauern. In dieser Zeit nimmt man täglich 5 Tropfen Propolis-Tinktur ein.

Die Bienen, unsere hilfreichen Freunde und unverzichtbaren Helfer.

AUS OMAS MEDIZINSCHRÄNKCHEN

Erste Hilfe bei vielen kleinen „Zipperlein" kam bei Oma Charlotte aus dem Medizinschränkchen.

Kräuter, Tinkturen und Salben, damit war in Omas Medizinschränkchen noch lange nicht Schluss. In ihrem Medizinschränkchen gab es noch einige andere Helfer, mit denen sie für den Fall der Fälle schnell und wirksam helfen konnte.

Bittersalz ist reines Magnesiumsulfat-Heptahydrat und schmeckt – nomen est omen – sehr bitter. Es wirkt abführend, deswegen ist es bei leichten Verstopfungen das Mittel

der Wahl, aber auch in Vorbereitung einer Fastenkur. Bittersalz als Badezusatz soll gegen Muskelkater und Krämpfe wirken.

Tonerde/Heilerde kann bei Hautproblemen und Verdauungsbeschwerden helfen. Man kann Heilerde innerlich und äußerlich anwenden, beispielsweise zur Linderung von Schmerzen in den Gelenken. Auch bei der Behandlung von Prellungen, Verbrennungen oder Insektenstichen soll Heilerde hilfreich und schmerzlindernd wirken. Für die äußerliche Anwendung muss man einen Brei aus Heilerde, Wasser und einigen Tropfen Öl anrühren und dann auf die schmerzenden Stellen auftragen. Auf empfindlichen Hautpartien nur so lange lassen, bis die Heilerde getrocknet ist. An weniger empfindlichen Stellen kann man die Heilerde auch über Nacht einwirken lassen. Zur innerlichen Anwendung gibt es Dragees in Drogerien und Apotheken mittlerweile zu verschiedenen Zwecken von Senkung des Cholesterins bis Sodbrennen.

Aktivkohle besteht überwiegend aus porösem Kohlenstoff. Auf Grund ihrer Struktur kann Aktivkohle andere Stoffe, auch Gift- und Schadstoffe, leicht aufnehmen und binden. Gewonnen wird Aktivkohle entweder aus pflanzlichen, tierischen oder mineralischen Stoffen. Bereits im antiken Griechenland wurde sie gegen Magen-Darm-Beschwerden oder bei Vergiftungen angewandt. So auch bei Oma Charlotte und heute noch. Bei Magen-Darm-Erkrankungen hilft Aktivkohle, auch medizinische Kohle genannt, weil sie die auslösenden Bakterien oder Giftstoffe bindet. Wegen dieser Eigenschaften kann sie Lebensmittelvergiftungen entgegenwirken und gegen Magenprobleme auf Auslandsreisen sogar vorgebeugt eingenommen werden. Aktivkohle sollte man immer mit viel Flüssigkeit einnehmen, damit der Kohlenstoff optimal zerfallen und seine Wirkung entfalten kann. Auch bei Vergiftungen mit Chemikalien, Medikamenten oder Schwermetallen wirkt sie als Gegenmittel. In diesen Fällen aber immer den Arzt konsultieren.

(Quelle: ikk-gesundplus.de)

OMA CHARLOTTES NOTFALL-HACKS

DER NÄCHSTE ARZT PRAKTIZIERTE 40 AUTOBUS-MINUTEN VOM HEIMATDORF MEINER GROSSMUTTER ENTFERNT. GUT, WENN SICH FRAU BEI KLEINEN VERLETZUNGEN UND PLÖTZLICHEN KRANKHEITSSYMPTOMEN SELBST HELFEN KONNTE.

▷ HAT MAN VERSEHENTLICH EINE GRÄTE VERSCHLUCKT, SCHLUCKT MAN ESSIG HINTERHER. ESSIG ENTFERNT DIE GRÄTE ODER MACHT SIE ZUMINDEST BIEGSAM.

▷ DER DREISTUFENPLAN BEI SCHLUCKAUF FUNKTIONIERT SO: STUFE 1: ATEM ANHALTEN, STUFE 2: EINEN SCHLUCK KALTES WASSER GANZ LANGSAM TRINKEN. NÜTZT DAS NICHTS, FOLGT STUFE 3: EINEN TEELÖFFEL MIT GESTOSSENEM ZUCKER EINNEHMEN.

▷ BEI STARKEN KOPFSCHMERZEN HILFT SCHWARZER KAFFEE MIT EINIGEN TROPFEN ZITRONENSAFT.

▷ BEI STARK BLUTENDEN SCHNITTWUNDEN TAUCHT MAN BAUMWOLLSTOFF IN HEISSES WASSER UND LEGT DEN STOFF MÖGLICHST HEISS AUF DIE WUNDE. DIE BLUTUNG SOLLTE SOFORT AUFHÖREN.

▷ AUCH EIN UMSCHLAG MIT SCHAFGABE STOPPT BLUTUNGEN SCHNELL. DAZU LÖST MAN 1 TL SCHAFGARBENEXTRAKT IN 125 ML WARMEM WASSER, BEFEUCHTET EIN TUCH DAMIT UND DRÜCKT ES AUF DIE WUNDE.

▷ BEREITS GESCHLOSSENE WUNDEN KANN MAN MIT IN WASSER VERRÜHRTEM ZUCKER BESTREICHEN. DAS SOLL DIE HEILUNG FÖRDERN.

▷ INGWERSCHEIBEN KAUEN, HILFT GEGEN LEICHTE ÜBELKEIT UND ERBRECHEN. DAZU DIE TINKTUR IN TROPFENFORM EINNEHMEN ODER KANDIERTEN INGWER ESSEN.

▷ BEI BINDEHAUTENTZÜNDUNGEN HILFT EIN AUGENBAD ODER EINE KOMPRESSE MIT DEM AUFGUSS VON AUGENTROST.

▷ GEGEN HEUSCHNUPFEN UND ALLERGISCHEN SCHNUPFEN
HELFEN AUGENTROST, GUNDERMANN UND SPITZWEGERICH ALS
AUFGUSS ODER TINKTUR. VON DER TINKTUR SOLLTE MAN 3 X
TÄGLICH BIS ZU 4 ML EINNEHMEN. AUGENTROST KOMBINIERT
MAN MIT HOLUNDERBLÜTEN; GUNDERMANN MIT GOLDRUTE
ODER KAMILLE; SPITZWEGERICH MIT KAMILLE.
▷ RINGELBLUMEN WIRKEN GEGEN VIREN UND FÖRDERN DIE
HEILUNG. SO AUCH BEI HERPES. DAZU BEREITET MAN EINE
ABKOCHUNG AUS 2 EL RINGELBLUMENBLÜTEN AUF 250 ML
KOCHENDEM WASSER ZU. DEN SUD MEHRMALS TÄGLICH AUF
DIE BLÄSCHEN TUPFEN.
▷ JOHANNISKRAUT-ODER ARNIKA-ÖL HELFEN BEI PRELLUNGEN
UND QUETSCHUNGEN. DAZU MUSS MAN MEHRMALS TÄGLICH
DAS ÖL AUF DIE QUETSCHUNG AUFTRAGEN.
▷ BEI INSEKTENSTICHEN KANN MAN EINE AUFLAGE AUS FRISCH
GERIEBENEM MEERRETTICH MACHEN, PETERSILIENSAFT ÜBER
DEM BISS AUSPRESSEN ODER BEI WANDERUNGEN SPITZWE-
GERICHBLÄTTER ZERREIBEN UND AUF DIE EINSTICHSTELLE
LEGEN.
▷ LEICHTE HALSENTZÜNDUNGEN BEKOMMT MAN IN DEN GRIFF,
WENN MAN VOR DEM SCHLAFENGEHEN MIT EINEM AUFGUSS
AUS ANGELIKA, PFEFFERMINZE UND ZITRONENMELISSE
GURGELT. WENN DER AUFGUSS NICHT SCHMECKT, SORGT EIN
TL HONIG FÜR EINEN BESSEREN GESCHMACK UND BERUHIGT
OBENDREIN.
▷ RINGELBLUME BEKÄMPFT FUSSPILZ. DAZU 4 EL GETROCKNETE
RINGELBLUMENBLÜTEN MIT 500 ML KOCHENDEM WASSER
ÜBERGIESSEN UND ZUGEDECKT ZIEHEN LASSEN. WENN DER
AUFGUSS ETWAS ERKALTET IST, MIT EINEM SCHUSS APFEL-
WEINESSIG AUFFÜLLEN UND DIE FÜSSE DARIN 2 X TÄGLICH
BADEN.
▷ BUTTERMILCH HILFT BEI SONNENBRAND. WAR MAN ZU LANGE
IN DER SONNE UND SIEHT AUS WIE EIN FLUSSKREBS, DANN
TAUCHT MAN EIN BAUMWOLLTUCH IN BUTTERMILCH/ODER
MILCH UND LEGT ES FÜR 15 MINUTEN AUF DIE VERBRANNTEN
STELLEN. DANACH KÜHL ABSPÜLEN. GEHT AUCH MIT EINER
PACKUNG AUS JOGHURT.

OMA CHARLOTTES SCHÖNHEITSSALON: NATÜRLICH SCHÖN!

Bio-Kosmetik aus der Drogerie gab es wenig und man konnte sich die in den 1950/60er Jahren oft gar nicht leisten. Cremes, Gesichtswasser, Haarpflege – alles wurde selbst zubereitet. Meist mit dem, was im Vorratsschrank, im Kräutergarten oder auf der Wiese zu finden war.

Über den anfallenden Plastikmüll von Duschgels, Shampoos und Seifen in unseren Flüssen, Seen und Meeren würde Oma Charlotte fassungslos den Kopf schütteln. Laut Statista (www.statista.com) gab es im Jahr 2020 in der deutschsprachigen Bevölkerung ab 14 Jahren rund 29,85 Millionen Personen, die täglich Duschgel verwendeten. Das macht durchschnittlich 10 Shampoo-Flaschen, 11 Flaschen Duschgel und 3,7 Packungen Flüssigseife pro Jahr. Kann man machen, ist aber nicht nur wegen des Plastikabfalls schädlich für die Umwelt. Denn weiter geht es mit der Umweltbelastung! Öko-Test fand bei einer repräsentativen Probe (www.oekotest.de) bedenkliche Inhaltsstoffe wie Mikroplastik, PEG-Derivate (Emulgatoren, Tenside), hormonell wirksame Substanzen, problematische Duftstoffe, Erdöl und Parabene in sieben von 25 Duschgelen. Ebenso wies Öko-Test den krebserregenden Stoff Formaldehyd nach, obwohl die EU-Kommission den Stoff schon verboten hatte. Dass diese Stoffe gar nicht notwendig sind, zeigten die Produkte der Naturkosmetik-Marken, so die Öko-Tester weiter. Viele Pflegeprodukte kann man einfach und ohne großen Aufwand selbst herstellen. Da weiß man, was drin ist und man spart zudem, denn viele Zutaten gibt es für kleines Geld.

Eine Blüte für jede Gelegenheit: Naturkosmetik kann man leicht selbst herstellen.

SEIFEN, DUSCHGELS & BADEZUSÄTZE

Welche Seifen sind besser, flüssig oder die am Stück, das ist eine vieldiskutierte Ansichtssache. In Sachen Umweltfreundlichkeit punktet der Seifenbarren. Den kann man auch ganz einfach selbst herstellen.

Grundrezept Seife (ohne Ätznatron!)

Zutaten für zwei Stück Seife, alle Zutaten in Bioqualität

250 G UNPARFÜMIERTE KERN- ODER OLIVENSEIFE
50 ML OLIVENÖL
10 TROPFEN DUFTÖL NACH GUSTO
WEITERE ZUTATEN KÖNNEN SEIN: GETROCKNETE KRÄUTER, ROSENBLÄTTER ODER DIE GERIEBENEN SCHALEN VON ZITRUS-FRÜCHTEN

Werkzeuge
Raspel, Rührbesen, Topf, Gießformen (gibt es ab circa 5 Euro in verschiedenen Formen von Blumenformen bis zu Schmetterlingen). Muffin-Förmchen aus Silikon. Es eignet sich aber auch die gute alte Eiswürfelform.

Herstellung
Seife auf einer Reibe möglichst fein reiben. Seifenspäne anschließend im Wasserbad schmelzen. Öl und falls gewünscht ätherisches Öl dazugeben. Flüssige Seife in Förmchen füllen, beispielsweise getrocknete Kräuter wie Lavendel oder Rosenblätter zur Seife geben. Seife mindestens 24 Stunden trocknen lassen, dann aus den Förmchen lösen.

Rezept

Kleine Duftlehre: Düfte und ihre Wirkung
▷ Jasmin gegen Stress
▷ Kamille beruhigend
▷ Lavendel entspannend
▷ Rose beruhigend
▷ Sandelholz ausgleichend
▷ Vanille wärmend
▷ Zimt nervenstärkend
▷ Zitrusfrüchte wie Zitrone, Limette oder Orange erfrischend

Auch aus Backpulver kann man eine breiartige Masse herstellen, die Hände und Fingernägel von Schmutz, Verfärbungen und Gerüchen befreit. Dazu verrührt man zwei Esslöffel des weißen Backwunders mit so viel Wasser, dass die Mischung eine breiartige Konsistenz bekommt. Hände gut dabei einreiben und mit warmem Wasser gründlich abspülen.

HAARPFLEGE: NATUR-DOPING FÜR DIE HAARE

Schon Oma Charlotte wusste: Der Zustand der Haare lässt auf den allgemeinen Gesundheitszustand schließen. Neben einer gesunden Ernährung können Pflegemittel aus Kräutern dazu beitragen, dass das Haar gesund und glänzend aussieht.

Die passenden Kräuter für die Haarwäsche:
- Brennnessel hat durchblutungsfördernde Eigenschaften, hilft gegen Haarausfall und macht die Haare glänzend.
- Schachtelhalm kräftigt feines Haar.
- Klettenwurzel pflegt empfindliche Kopfhaut.
- Kamille pflegt blondes Haar und setzt Highlights.
- Rosmarin hilft bei Haarausfall, fördert das Haarwachstum und ist wirksam gegen Schuppen.
- Salbei hilft gegen Schuppen.
- Petersilie hilft gegen Haarbruch, Haarausfall.
- Scharfgarbe regt das Haarwachstum an, hilft bei Schuppen und Ekzemen auf der Kopfhaut.

OMAS BEAUTY-HACKS FÜR GLÄNZENDES HAAR

- WÄSCHT MAN DAS HAAR MIT REGENWASSER, BEKOMMT ES EINEN SCHÖNEN GLANZ.
- GIBT MAN BEI DER HAARWÄSCHE INS LETZTE SPÜLWASSER EINEN TROPFEN ESSIG, VERHINDERT ER VORZEITIGES ERGRAUEN UND GIBT DEM HAAR GLANZ.
- HAARE AUFHELLEN OHNE CHEMIE, GEHT MIT BACKPULVER. DAZU EINEN BREI AUS BACKPULVER UND WASSER HERSTELLEN UND NACH DER HAARWÄSCHE AUFTRAGEN. 20 – 30 MINUTEN EINWIRKEN LASSEN UND GUT AUSSPÜLEN. FÜR INTENSIVE AUFHELLUNG MUSS MAN DIE PROZEDUR MEHRMALS WIEDERHOLEN.
- BIER IST REICH AN NÄHRSTOFFEN UND DESWEGEN FÖRDERLICH FÜR EINE GESUNDE HAARSTRUKTUR UND KOPFHAUT. BIER EIGNET SICH AUCH HERVORRAGEND ALS HAARGEL. DER GERUCH VERFLIEGT NACH DEM AUFTRAGEN SOFORT.

Grundrezept Kräutershampoo

SEIFENKRAUT
2 EL KRÄUTERMISCHUNG (BRENNNESSEL, SCHACHTELHALM,
KLETTENWURZEL, KAMILLE, ROSMARIN, SALBEI, PETERSILIE,
SCHAFGARBE)

Herstellung

Eine Abkochung aus Seifenkrautblättern und -stängeln herstellen: Dazu das Kraut in einen Topf geben, gut mit Wasser bedecken, zum Kochen bringen und 5 Minuten köcheln
lassen. Aus den Kräutern Ihrer Wahl einen konzentrierten
Aufguss herstellen: Dazu 2 EL Kräuter mit einer Tasse Wasser aufkochen, abkühlen lassen, filtern. Kräuteraufguss mit
dem Seifenkrautaufguss im Verhältnis 1:3 mischen.

Grundrezept Haaröl

Ihre Wirkung können Kräuter besonders dann entfalten,
wenn man sie extrahiert. Mit selbstgemachten Kräuterölen
kann man abends die Kopfhaut massieren oder eine wö-
chentliche Haarpackung machen.

1 TASSE SONNENBLUMEN- ODER RAPSÖL
2 EL FRISCHE KRÄUTER IHRER WAHL
(WIRKWEISE WIE OBEN BESCHRIEBEN)

Herstellung

Kräuter zerquetschen (fein wiegen oder durch den Fleischwolf
drehen). Kräuter in eine dunkle 0,25 Liter-Flasche geben und
mit Öl auffüllen. Flasche verkorken und 3 Wochen an einen
sonnigen Platz stellen. Flasche jeden Tag vorsichtig schütteln.
Nach 3 Wochen die Kräuter abfiltern und auspressen. Erneut
2 EL Kräuter mit dem gewonnenen Kräuteröl so oft wiederholen, bis das Öl stark nach dem Kraut/den Kräutern duftet
(drei- bis viermal). Je öfter man den Vorgang wiederholt, desto stärker die Wirkung des selbstgemachten Haaröls.

BADEZUSÄTZE

Erfrischend und anregend oder beruhigend und heilend – Kräuter als Badezusätze verwandeln die Wanne in eine Wellness-Oase.

Mit hausgemachten Badezusätzen wird die eigene Wanne zur Wellness-Oase.

Entspannendes Kräuterbad

3 EL KAMILLENBLÜTEN
3 EL LAVENDEL
3 EL LINDENBLÜTEN

Herstellung

Blüten in ein Stoffsäckchen geben. Blütensäckchen in die Wanne legen, Wasser einlaufen lassen. 20 – 30 Minuten baden. Wenn man während des Bades eine Tasse Kamillen- oder Lindenblütentee trinkt, verstärkt man die entspannende Wirkung. Für ein anregendes Bad benutzt man Pfefferminze, Rosmarin und Lavendel. Gegen Muskelkater hilft ein Kräuterbad mit Rosmarin, Majoran und Lavendel.

Rezept

139

GESICHTSPFLEGE: ZART ZUR HAUT – STARK IN DER WIRKUNG

Gesichtswasser, auch Tonikum, wird zur Reinigung, Erfrischung und Tonisierung der Haut verwendet. Die Haut wirkt nach der Anwendung straffer und frischer, weil sich die Poren bei einer Behandlung mit Gesichtswasser zusammenziehen.

Ganz einfach zuzubereiten ist ein Kräuteraufguss, mit dem man das Gesicht täglich wie mit einem Tonikum reinigen kann. Dazu überbrüht man einen Teelöffel der getrockneten und zerkleinerten Kräuter mit einer Tasse kochendem Wasser. Dann lässt man den Aufguss 30 Minuten ziehen, bevor man ihn in ein in kochendem Wasser desinfiziertes Fläschchen füllt. Hält nur wenige Tage im Kühlschrank. Man sollte den Aufguss immer wieder frisch zubereiten.

Den verschiedenen Kräutern werden unterschiedliche Wirkweisen zugeschrieben:
▷ Lindenblüten regen die Blutzirkulation an und straffen Falten. Glättend wirken auch Zitronenmelisse und Fenchel.
▷ Frauenmantel wirkt gegen große Poren.
▷ Ringelblume ebnet ebenfalls das Hautbild, wirkt auch gegen Pickel.
▷ Salbei wirkt stark adstringierend. Er wird gegen große Poren und fettige Haut verwendet.
▷ Bibernelle macht den Teint zart.
▷ Kamille beruhigt die Haut, wirkt antibakteriell und fördert die Wundheilung.
▷ Rosmarin fördert den Stoffwechsel in der Haut und wirkt leicht antibakteriell und stark antioxidativ.
▷ Ein Aufguss aus Thymian hilft bei Entzündungen und Unreinheiten der Haut.
▷ Schafgarbe ist reich an Kalium, enthält Bitter- und Gerbstoffe sowie ein ätherisches Öl mit entzündungshemmenden Eigenschaften. Deswegen hilft Schafgarbenbrei sehr gut bei Akne. Dazu 200–250 Gramm sammeln, im Mixer pürieren, den Brei täglich auf die betroffenen Stellen auftragen und eine Stunde lang einwirken lassen.

▷ Weiche und schöne Haut erhält man, wenn man sich mehrmals täglich mit folgender Rezeptur wäscht: jeweils 1 EL Glyzerin, Honig und Zitronensaft auf 1 Liter warmes Wasser geben.

Oma Charlottes Kräuterwasser für die Gesichtsreinigung

60 ML HAMAMELIS-EXTRAKT
1 TL GETROCKNETE HOLUNDERBLÜTEN
1 TL GETROCKNETE RINGELBLUME
1 TL GETROCKNETE KAMILLE
60 ML GLYZERIN
60 ML ROSENWASSER

Zubereitung
Die Kräuter in Hamamelis- und Rosenwasser für eine Woche in einem Glas mit Schraubdeckel ziehen lassen. Danach durch ein Seihtuch filtern und in eine desinfizierte Flasche füllen. Glyzerin zugeben und gut schütteln. Zum Gebrauch: Das Gesicht lauwarm waschen, die Lotion einmassieren und kurz einwirken lassen. Das Gesicht sollte man danach mit warmem Wasser abwaschen.

Oma Charlotte gönnte ihrem Teint auch gern ein Dampfbad mit verschiedenen Kräutern. Dazu wird zuerst das Gesicht gründlich gewaschen, mit einer Hautbürste abgerieben und wieder getrocknet. Für ein Kräuterdampfbad eignen sich besonders die Blüten von Ringelblumen, Kamille, Linde, Schafgarbe, Holunder oder die Blätter von Beinwell, Fenchel, Frauenmantel, Salbei oder Pfefferminze. Für ein Gesichtsdampfbad gibt man 4 Esslöffel des Krauts oder eine Kräutermischung in eine hitzebeständige Schüssel und übergießt sie mit einem Liter kochendem Wasser. Nun beugt man sich für 10 bis 15 Minuten über die dampfenden Kräuter und legt sich ein Handtuch über den Kopf, damit der Dampf nicht entweichen kann.

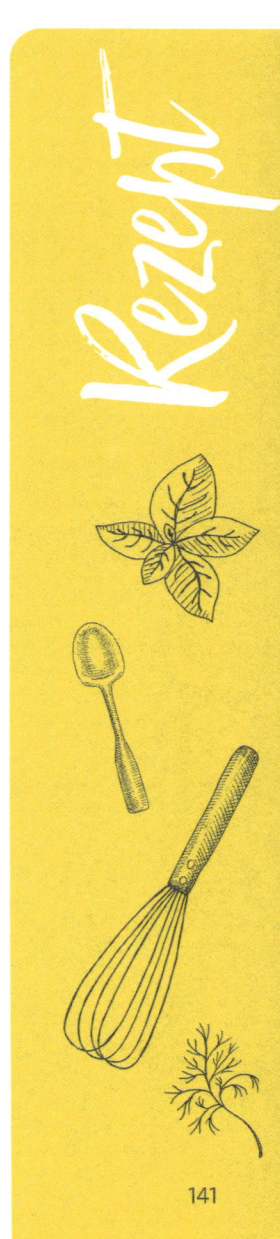

Rezept

CREMES, MASKEN & PEELINGS: RUBBEL DICH SCHÖN!

Bio-Cremes kosten bis zu 100 Euro pro Tiegel. Schön, dass es Produzenten gibt, die sich bereits 1959 umweltfreundliche, weil ressourcenschonende, soziale und ethische Prinzipien auf die Fahnen schrieben. Oma Charlotte nutzte ebenfalls Produkte von „rund um den Kirchturm", um pflegende Gesichtscremes und -packungen wie Ringelblumenfeuchtigkeitscreme oder Pfefferminz-Hefe-Maske herzustellen.

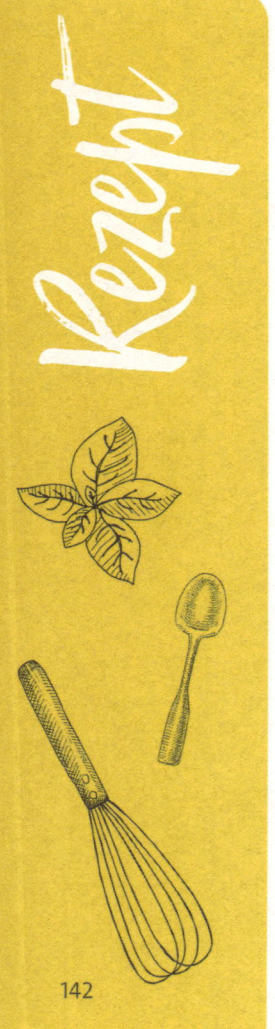

Grundrezept Gesichtscreme

(100 ml)

1 EL LANOLIN (WOLLWACHS)
1 EL HONIG
1 EL MANDELÖL
2 EL RINGELBLUMENBLÜTEN, BIENENWACHS ALS PFLANZLICHEN ERSATZ FÜR PARAFFIN- ODER MINERALWACHSE

Herstellung

Alle Zutaten lässt man in einer Schüssel in einem heißen Wasserbad zergehen. Wenn die Zutaten verschmolzen sind, nimmt man den Topf vom Herd und fügt 2 EL von einem Aufguss aus Ringelblüten (1 EL Blütenblätter auf 1 Tasse kochendes Wasser) hinzu. Die Mischung in der Schüssel rührt man so lange, bis sie eindickt und cremig wird. Dann in desinfizierte Gläschen oder Kosmetiktiegel abfüllen, kühl lagern. Statt Ringelblumenblüten, die Lieblingsblüten meiner Oma, kann man je nach Hauttyp auch Beinwellblätter, Holunder-, Linden- oder Kamillenblüten verwenden.

Einfaches Kräuterpeeling

200 G HAFERFLOCKEN
75 G MANDELN

2 EL GETROCKNETE RINGELBLUME
2 EL GETROCKNETE ROSENBLÄTTER
2 EL GETROCKNETE BEINWELLBLÄTTER
½ TL MANDELÖL
ETWA 1 TL WASSER

Herstellung

Haferflocken, Mandeln und Kräuter im Mörser fein zerstoßen. Davon 1 EL mit dem Mandelöl und anteilig Wasser so lange vermischen, bis eine breiige Paste entsteht. Diese auf das Gesicht auftragen und 15–20 Minuten einmassieren und einwirken lassen. Danach mit warmem Wasser abwaschen. Zweimal pro Woche angewendet, macht das Natur-Peeling einen schönen, strahlenden und ebenmäßigen Teint.

Auch Kaffeesatz eignet sich als Peeling. Dazu mischt man den Kaffeesatz mit etwas Kokos- oder Massageöl, trägt ihn auf die Haut auf, und massiert damit das Gesicht in kreisenden Bewegungen, bis ein angenehmes Wärmegefühl entsteht. Dann wäscht man den Kaffeesatz mit lauwarmem Wasser gründlich ab.

Anregende Pfefferminz-Hefe-Maske

1 TL TROCKENHEFE
1 TL VON EINEM KONZENTRIERTEN AUFGUSS AUS 2 EL GETROCKNETER PFEFFERMINZE UND 15 CL KOCHENDEM WASSER

Herstellung

Trockenhefe mit dem abgekühlten Aufguss mischen, gut verrühren. Maske auf Gesicht und Hals auftragen und etwa 15 Minuten einwirken lassen, bis die Maske getrocknet ist. Mit lauwarmem Wasser abwaschen, dann mit kaltem Wasser abtupfen und ein belebendes Tonikum mit einem Wattebausch auftragen.

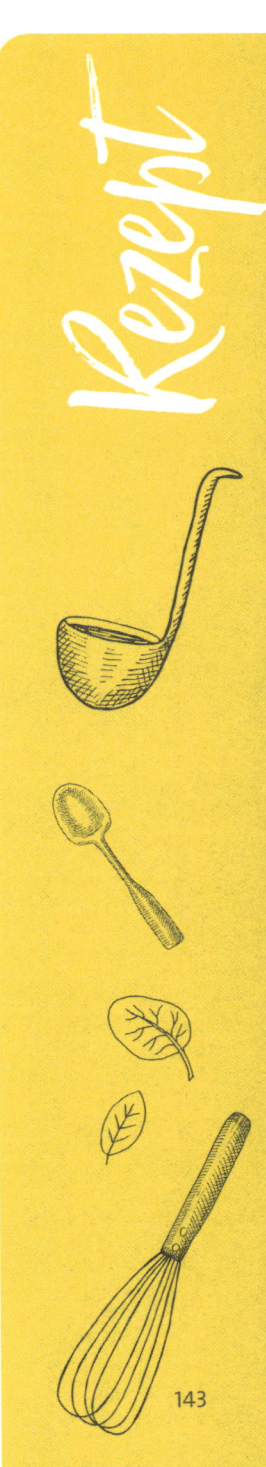

Rezept

143

HAND- UND FUßPFLEGE: OMA CHARLOTTES PFLEGE-TIPPS HABEN HAND UND FUß.

Kräuter-Spülungen und -Cremes, machen Hände und Füße zart und schön. Aber auch Backpulver, Zitronensaft und Bimsstein kamen bei Oma Charlotte zum Einsatz.

Die von meiner Großmutter bevorzugten Kräuter mit haut-schonenden Eigenschaften waren Frauenmantel, Ringelblu-me, Beinwell und Kamille (siehe Apotheke Kräutergarten). Eibisch (Althaea officinalis) will ich an dieser Stelle noch er-klären. Das Kraut wird überwiegend bei Husten und Heiser-keit, bei Magenschmerzen oder Entzündungen von Zähnen und Zahnfleisch verwendet. Ein aus den Blättern gekochter Brei ist ein vorzügliches Wundheilmittel. In der Kosmetik werden Blätter- und Wurzelextrakte wegen ihrer feuchtig-keitsspendenden Eigenschaften geschätzt.

Ringelblumenöl à la Oma Charlotte

Das Ringelblumenöl wirkt wohltuend bei trockenen, rauen Händen.

**1 TASSE MANDELÖL
25 G RINGELBLUMEN-BLÜTENBLÄTTER**

Herstellung

Ringelblumen-Blütenblätter und Mandelöl in ein durchsich-tiges Glas mit Schraubverschluss füllen. Für 3–4 Wochen an einen sonnigen Platz stellen. Täglich vorsichtig schütteln Nach dieser Zeit das Öl erhitzen, bis die Blüten fest werden Abfüllen in frische, in kochendem Wasser desinfizierte Glas-gefäße. Ein wirksames Kräuter-Öl zur Handpflege kann man genauso mit Johanniskraut herstellen.

Für die Nagelpflege eignen sich besonders zwei Kräuter, die viel Kieselsäure enthalten. Das sind Schachtelhalm und Dill. Diese Kombination hilft, weiche Nägel zu kräftigen. Dazu stellt man einen Kräuteraufguss her, wie in „Altbewährtes Wissen über die Zubereitung von gesundheitsförderlichen Hausmitteln" beschrieben. Darin badet man die Hände so oft wie möglich. Auch ein Stück Bienenwachs kann helfen, wenn man jeden Abend vor dem Zubettgehen die Fingernägel damit einreibt.

Fußpflege: Darauf stand meine Oma Charlotte

Müde Füße? Da helfen ein Fußbad mit Beifuß oder eine Fußmassage. Für schöne Füße in sommerlichen Sandalen sorgt ein selbst gemachtes Peeling. Beifuß wird wegen der enthaltenen ätherischen Öle eine beruhigende und durchblutungsfördernde Wirkung zugeschrieben. Deswegen eignet sich das (Gewürz-)Kraut für ein beruhigendes und abschwellendes Fußbad.

Beifuss-Wechsel-Fussbad

10 EL BEIFUß
3 L WASSER

Herstellung

Beifuß mit kochendem Wasser übergießen. Aufgussmenge auf 2 Gefäße verteilen. Inhalt eines Gefäßes schnell abkühlen, die des anderen Gefäßes warmhalten oder vor Gebrauch noch einmal erwärmen. Nach diesen Vorbereitungen Füße abwechselnd in den kalten, dann in den warmen Aufguss stellen. Das Wechselbad sollte 5–10 Minuten dauern. Danach die Füße gut trocken reiben.

▷ Backpulver wirkt antibakteriell und geruchsneutralisierend. Für ein erfrischendes Fußbad gibt man drei Teelöffel Backpulver in warmes Wasser und badet die Füße für 20 Minuten darin.

Peeling für Hände und Füsse

125 G JOGHURT
30 G FEINE HAFERFLOCKEN
15 G WEIZENKLEIE
1 EL HONIG
1 EL MANDELÖL

Herstellung
Alle Zutaten gut mischen und verrühren.

Verwendung
Hände oder Füße warm waschen, mit einem Massage-schwamm oder einer Bürste abrubbeln. Das Peeling mit kreisenden Bewegungen auftragen und gut einmassieren. Danach das Peeling gründlich abwaschen und Hände oder Füße mit einem weichen Handtuch trocken tupfen.

Vitaminreiches Handbad

SCHALEN VON HAGEBUTTEN, KORNBLUMEN- UND RINGELBLUMEN-BLÜTEN ZU GLEICHEN TEILEN

Zubereitung
Die Blütenmischung (7 TL auf einen ½ Liter) mit gerade den Siedepunkt überschrittenem Wasser übergießen. 10 Minuten ziehen lassen. Im derweil abgekühlten Kräutersud die Hände baden. Bei regelmäßiger Anwendung wirken die Hände jugendlich frisch.

ZÄHNE & ZAHNFLEISCH: NATÜRLICH SCHÖNE ZÄHNE FÜR ALLE

Eine effektive Mund- und Zahnpflege ruht auf drei Säulen: einer gesunden Ernährung mit möglichst wenig Zucker, der richtigen Pflege mit den richtigen Produkten und Anwendungen. Hier die Zahnpflege-Hacks von Oma Charlotte:

▷ Ölziehen ist eine wirkungsvolle Methode, um Zähne und Zahnfleisch zu stärken. Dazu verwendet man Sonnenblumen- oder Sesamöl in Bioqualität. Neuerdings gilt Kokosöl wegen der enthaltenen Laurinsäure als das Wundermittel in der Zahnpflege, weil es die Bakterienbildung im Mund wirksam bekämpft. Und das geht so: Vor dem Zähneputzen nimmt man einen Teelöffel Öl in den Mund und schwenkt es für 10 bis 15 Minuten hin und her. Danach sollte man den Mund mehrmals mit warmem Wasser ausspülen.
▷ Für die Herstellung von Zahncremes gibt es zahlreiche Rezepte mit Teebaumöl, Kokosöl, Zitronengras, Zimt oder Nelken. Diese natürlichen Mittel sind für ihre antibakterielle, entzündungshemmende und schmerzstillende Wirkung bekannt.

Grundrezept Zahncreme

4 – 5 EL KOKOSÖL
2 – 3 EL FEINES NATRONPULVER
JE NACH ZIMMERTEMPERATUR WASSERBAD
LEERES GEFÄSS, DESINFIZIERT

Herstellung
Alle Zutaten miteinander vermischen. Kokosöl zum Schmelzen bringen. In ein desinfiziertes und verschließbares Gefäß füllen. Kühl lagern. Zahncreme immer nur mit einem Spachtel oder Löffel entnehmen

(www.dental.com)

▷ Strahlend weiße Zähne bekommt man, wenn man Natron auf die feuchte Zahnbürste streut und dann kräftig die Zähne damit putzt. Aber Achtung! Nicht jeden Tag benutzen, da Natron den Zahnschmelz angreifen kann.

▷ Nach jeder Mahlzeit zwei Blätter frischen Salbei kauen und zusätzlich ein Salbeiblatt mit leichtem Druck über die Innen- und Außenseiten der Zähne reiben, macht ein strahlend frisches Lächeln.

▷ Nelkenöl wirkt dank seiner ätherischen Inhaltsstoffe gegen Entzündungen im Mundraum und leichten Zahnschmerzen. Man kann es auch zum Aufhellen der Zähne benutzen. Nelkenöl sollte man nur sparsam verwenden.

ANGENEHME DÜFTE IM HAUS: BALSAM FÜR DIE SEELE

Kräuterdüfte helfen beim Einschlafen, beruhigen die Seele, lindern kleine Wehwehchen und vertreiben Ungeziefer. Kräuterkissen, Kräuterbouquets und Dufthölzer sind natürliche Lufterfrischer und tragen zu einem wohligen Wohngefühl bei.

▷ Für ein Kräuterbouquet kann man frische Kräuter wie Lavendel, Rosmarin, Salbei, Thymian, Bergamotte und Pfefferminze binden. Hängt auch bei mir in der Küche und Fliegen und andere Krabbeltiere nehmen Reißaus.

▷ Auch eine Schale gefüllt mit Orangen, Zitronen und Gewürznelke vertreibt ungebetene Plagegeister.

▷ Zirbenholz hat einen harzig-würzigen Duft, den es über Jahrzehnte behält. Dem Holz wird eine entspannende und schlaffördernde Wirkung zugeschrieben. Von Bettgestellen bis zu Ölen und Kissenfüllungen gibt es Produkte, die aus diesem Holz gefertigt sind. Auf einem Zirbelkissen (um 50 Euro) soll man besonders gut schlafen können.

▷ Ein Kissen mit getrockneten Lavendelblüten war in Omas Kleiderschrank obligatorisch. Motten können den Duft nämlich nicht ausstehen. „Echt dufte" sind auch die Noten von Heu. Säckchen damit stopfen und aufhängen.

Grundrezept für ein natürliches Raumspray

100 ML WODKA
400 ML DESTILLIERTES WASSER
4 HÄNDE VOLL DUFTROSENBLÜTEN
1 SPRÜHFLASCHE (RECYCELT)

Herstellung
Duftrosen in ein verschließbares Glas geben. Mit Wodka auffüllen. 14 Tage an einen sonnigen Ort stellen, damit sich die Duftstoffe der Rosenblätter im Wodka binden. Danach mit destilliertem Wasser auffüllen. Durch ein Seihtuch oder einen Kaffeefilter gießen und Flüssigkeit in eine Sprühflasche füllen. Vor jedem Gebrauch schütteln. Funktioniert auch mit dem Abrieb einer Zitrone. Damit ist das Raumspray in nur zwei Tagen fertig. Dazu mischt man den Abrieb einer Zitrone mit 100 ml Wodka, füllt die Mischung in ein verschließbares Glas und lässt es für zwei Tage in der Küche stehen. Dann filtern wie beschrieben, in eine Sprühflasche füllen und mit destilliertem Wasser auffüllen.

Garten und Zimmerpflanzen

GROSSMUTTERS GARTENREICH

OMA CHARLOTTE HOLTE AUS IHREM ARTENREICH BESTÜCKTEN BAUERNGARTEN ALLES, WAS ÜBERS JAHR AN OBST, GEMÜSE UND BLUMEN IM HAUSHALT GEBRAUCHT WURDE: ERDBEEREN GAB ES IM JUNI UND NICHT ZU WEIHNACHTEN, BOHNEN WURDEN MITTE MAI GESÄT UND ZWEI BIS DREI MONATE SPÄTER GEERNTET, KNACKIGE RADIESCHEN KONNTEN BEI GEEIGNETER WITTERUNG VON FRÜHJAHR BIS ENDE AUGUST IM FREILAND AUSGESÄT UND NUR 3 BIS 4 WOCHEN SPÄTER GEERNTET WERDEN. EINEN BUNTEN STRAUSS BLUMEN VON DEN ERSTEN OSTERGLOCKEN BIS ZU HERBSTLICHEN ASTERN HATTE OMA CHARLOTTE AUCH ZU JEDER GELEGENHEIT PARAT, DENN BLUMEN WUCHSEN BEI IHR EINGESTREUT ZWISCHEN DEM GEMÜSE ODER WURDEN ALS BUNTE EINFASSUNG FÜR DIE BEETE GESETZT. SO HATTE SIE IN IHREM BUNTEN BAUERNGARTEN ALLES, WAS MAN ÜBERS JAHR AUF DEN TISCH BRINGEN UND FÜR DEN WINTER EINMACHEN KONNTE. DER "GRÜNE DAUMEN" WAR JEDOCH AUCH MEINER GROSSMUTTER NICHT ANGEBOREN. VIELMEHR SIND SATTES GRÜN, DIE FÜLLE AN GARTENFRÜCHTEN UND BUNTE BLUMENPRACHT IM GARTEN RESULTATE ALTEN WISSENS VON DER NATUR – WEITERGETRAGEN VON GENERATION ZU GENERATION.

OMA CHARLOTTES BAUERNGARTEN:
GRÜNE IDYLLE IN FÜLLE

Mit Omas Wissen um die richtige Pflanzzeit, Pflanzengesellschaften, die sich gut vertragen, und Garten-Hacks wie Ge-
müsewasser nach dem Erkalten als Gießwasser und Dünger
zu nutzen oder ganz praktisch Kleiderbügel als Rankhilfen
zu recyceln, klappt es auch mit Ihrem Garten.

Ein traditioneller Bauerngarten bietet grüne Idylle in Fülle und immer ein Plätzchen, wo man die Seele baumeln lassen kann.

Haben Sie gewusst, dass Rosenstöcke Milch lieben? Dass
Kaffeesatz ein hervorragender Dünger ist? Dass der blau
blühende Bienenfreund (Phacelia) frisch gepflanzten Kopfsalat beschattet und eine hervorragende Gründüngepflan-
ze ist? Dass Ameisen keinen Zimt mögen oder dass Blumen
in der Vase länger halten, wenn man Acetylsalicylsäure
(ASS), also eine Kopfschmerztablette, dazugibt? Wer am
St. Barbaratag, am 4. Dezember, einen Obstzweig, Flieder
oder Forsythie schneidet und in eine Vase stellt, darf sich

zu Weihnachten über eine frühlingshafte Blütenpracht im Wohnzimmer freuen. Mit diesen und noch vielen weiteren Garten-Hacks gärtnerte Oma Charlotte naturgemäß ganz ohne Chemie und ertragsreich.

Meine Großmutter wusste zudem, welche Pflanzengemeinschaften sich im Garten unterstützen. Erdbeeren bilden mit Buschbohnen, Lauch, Ringelblumen (Calendula) oder Chrysanthemen ein gutes Team. Eher ungünstig ist es, sie mit Kohl als Nachbarn anzupflanzen. Aber nicht nur welche Pflanzengesellschaften zusammenpassen, wusste sie. Auch wie man Blumen und Kräuter, beispielsweise Calendula, die mit ihren knallorangenen Blüten echte Hingucker im Bauerngarten sind, zu einer wirksamen Wundsalbe verarbeitet werden. Die tierischen Gartenbewohner wurden nicht mit Mährobotern, Gift oder Fallen vertrieben, vielmehr willkommen geheißen. Denn „Garten-Polizisten" wie Marienkäfer, Maulwürfe oder Schlupfwespen vertilgen Schädlinge im Garten.

Statement gegen Steinwüsten als (Vor-)Gärten: Traditionelle Bauerngärten sind eine lebendige Oase für Mensch und Tier.

GARTENGERÄTE FÜR DEN NATURNAHEN BAUERNGARTEN

Schaufel und Rechen kennt wohl jede/r Hobbygärtner*in. Aber wissen Sie auch, für was man einen Sauzahn, Häufler oder Kreil braucht?

▷ **Sauzahn:** Das gebogene Gerät mit schmalem, scharfem Blatt dient der Tiefenlockerung des Bodens. Man arbeitet damit auch Kompost in die Erde ein.

▷ **Spaten:** Damit werden Pflanzgruben ausgehoben.

▷ **Grabegabel:** Heute erleichtert die Doppelgrabegabel mit 5 Zinken in unterschiedlicher Länge das Auflockern von schweren Böden. Die einfache Grabegabel verwendet man überwiegend zum Aufschichten von Kompost oder Grünschnitt.

▷ **Schaufel:** Die wird benutzt, um gehäckseltes Grün im Kompost anzuhäufen und um diesen auf den Beeten zu verteilen.

▷ **Kreil:** Sieht aus wie eine Grabegabel mit umgebogenen Zacken, eignet sich zum Zerkleinern von Erdschollen oder zum Einarbeiten von Kompost oder Gründüngung.

▷ **Kultivator:** Gibt es mit 3 oder 5 Zinken, ist zum Lockern des Oberbodens geeignet.

▷ **Grubber:** Ähnlich wie Kultivator, nur kleiner. Eignet sich zum Jäten engstehender Pflanzen.

▷ **Häufler:** Damit werden tiefe Furchen für die Setzlinge oder das Saatgut gezogen. In denen werden dann Dünger und Jungpflanzen ausgelegt und abschließend Erde über die Saat gegeben.

▷ **Pflanzgabel oder -schaufel:** Geeignet, um kleine Pflanzlöcher wie für Tulpenzwiebeln auszuheben.

▷ **Doppelhacke:** Ist auf einer Seite mit einer kleinen Hacke, auf der anderen mit 3 Zinken versehen. Eignet sich zum Jäten von flachwurzelndem Unkraut und zur Lockerung der Bodenoberfläche.

▷ **Rechen:** Dient je nach Ausführung zum Zusammenrechen von lockerem Material wie Heu, zum Furchenziehen für Saatgut oder zum Bearbeiten des Bodens.

RENT A GARDEN

Wie kann man eine regionale, bäuerliche und vielfältige Landwirtschaft erhalten, die gesunde, frische Nahrungsmittel erzeugt und die Natur- und Kulturlandschaft pflegt? Die Antwort lautet: mit Gemeinschaftsgärten, Mietgärten oder „Solidarischer Landwirtschaft". Bei Szene-Gänger*innen und Latte-Macchiato-Familien erlebt sogar der einst als spießige verschriene Schrebergarten nicht erst seit Wladimir Kaminers sehr unterhaltsam geschriebenem Buch über sein buntes Leben in der Laubenkolonie eine Renaissance.

Der Klein- oder Schrebergarten ist total en vogue

Spießeridylle mit Gartenzwerg? Von wegen! Eine Auszeit im Grünen und Körbe voll mit selbst angebautem und geerntetem Gemüse, Kräutern oder Salaten locken die Städter aufs Land. Was für Oma Charlotte eine Notwendigkeit war, um frisches Grünzeug auf den Teller der achtköpfigen Familie zu bringen, ist heute grüner Lifestyle. Zwar gibt das Bundeskleingartengesetz die Nutzung der Parzellen im Kleingarten vor, aber daran halten sich immer wenigere Pächter peinlich genau. „Ein Kleingarten muss demnach immer Teil einer Kleingartenanlage sein und darf nicht größer als 400 Quadratmeter sein. Als maximale Größe für eine Laube gilt in Hessen 24 Quadratmeter, einschließlich überdachtem Freisitz. Sie darf auch kein dauerhafter Wohnsitz sein. Der kleine Garten soll der Erholung und dem nichterwerbsmäßigen Anbau von Obst, Gemüse und Zierpflanzen dienen", soweit die Buchstaben des Gesetzes. Aber immer öfter ist der Klein- oder Schrebergarten ein Ort des kleinen Glücks, wo man die Seele baumeln lassen kann. Bei Interesse an einem Schrebergarten muss man sich entweder direkt an einen Kleingartenverein vor Ort oder an den jeweiligen Landesverband wenden und sich dort um einen freiwerdenden Garten bewerben (mehr Infos gibt's unter www.kleingartenvereine.de oder www.kleingarten-bund.de). Die Kosten für einen Klein- bzw. Schrebergarten sind überschaubar. Im Schnitt kostet die Pacht um 150 Euro plus Nebenkosten.

DER MIETGARTEN – GÄRTNERN MIT ANLEITUNG UND AUF PROBE

Neben Kleingarten- oder -gärtnervereinen gibt es mittlerweile viele Initiativen und Bauern, die Mietgärten zur Selbstbewirtschaftung anbieten. Das ist die bequeme Alternative zum Kleingarten. Denn dort kann man ein Jahr lang auf einem vom Verpächter vorbestellten Acker unter Anleitung und in Gesellschaft ausprobieren, ob das Gärtnern einem auch wirklich Spaß macht. Die Mietgärten sind bei Saisonbeginn bereits professionell mit zahlreichen Gemüsesorten vorbereitet. Egal ob alter Hase oder Garten-Novize – im Mietgarten kann man in einer Saison erleben, wie aus einem Saatkorn eine ganze Mahlzeit heranwächst und ggf. für das nächste Jahr verlängern. Mehr Infos gibt es zum Beispiel unter www.meine-ernte.de.

GEMEINSCHAFTSGÄRTEN FÜR MEHR GRÜN IN DER CITY

Nachdem in New York bereits in den 1970er Jahren stillgelegte Hochbahntrassen und innerstädtische Brachflächen als Gärten angelegt und genutzt wurden, schwappte die Welle auch nach Europa und Deutschland. Zuerst warfen Guerilla-Gärtner einfach Saatbomben auf öde Rasenflächen, in Baumringe oder triste Grünstreifen in der Stadt. Eine Vorreiterfläche war in Frankfurt an der Friedberger Landstraße. So entstehen lebendige, kleine grüne Inseln mitten in der Stadt. Seit 2009 gibt es auch Urbane Gärten in deutschen Metropolen. 2009 wurde der „Prinzessinnengarten" in Berlin-Kreuzberg angelegt. Bei diesen Projekten werden die Pflanzen nicht direkt in die Erde gesetzt, stattdessen werden Hochbeete installiert und angelegt. Mancherorts wie im „Neuen Frankfurter Garten" kümmert man sich auch um die Rettung der Honigbienen. Dafür wurde ein begehbarer Bienen-Baum-Wipfelpfad am Ostbahnhofsplatz, also mitten im industriell geprägten Osten der Mainmetropole, gebaut. Oft ist das Ernten nur ein Mehrwert für die Guerilla-

Beliebt und nach-gefragt wie schon lange nicht mehr: der Schrebergarten, das kleine grüne Glück auf 400 Quadratmetern.

Gärtner. Vielen Aktivisten ist es wichtiger, brachliegende Flächen wiederzubeleben. Flaniert man beispielsweise durch die Pflanzreihen im „Neuen Frankfurter Garten", sieht man nicht nur Hochbeete, sondern auch viele kreative Pflanzbehältnisse von der Zinkbadewanne bis zu hängenden Gärten aus Plastikflaschen (www.neuerfrankfurtergarten.de).

Auch hier kann man gemeinsam gärtnern:
▷ Berlin: Der Prinzessinnengarten ist eine einstige Stadt-brache am Moritzplatz und Pionier unter den Gemein-schaftsgärten (www.prinzessinengarten.net). Der Ge-meinschaftsgarten Allmende-Kontor liegt auf dem ehemaligen Flugfeld des Berliner Flughafens Tempelhof (www.allmende-kontor.de).
▷ Hamburg: Auf einem Tiefgaragendach in der Nähe der Reeperbahn, dem heutigen Gartendeck, gedeihen Salat & Co. (www.gartendeck.de).
▷ Köln: Das Neuland, eine ehemalige Stadtbrache, ist ein mobiler Gemeinschaftsgarten geworden (www.neu-land-koeln.de).
▷ München: Der Gemeinschaftsgarten „o'pflanzt is" am Olympiapark bietet unkonventionelles Beisammensein, Gärtnern und Imkern.

Bei der Solidarischen Landwirtschaft (Solawi) werden die Lebensmittel nicht mehr über den Markt vertrieben, sondern gehen in einen transparenten Wirtschaftskreislauf, der von den Verbraucher*innen mitorganisiert und finanziert wird. Konkret geht das so: Auf Grundlage der geschätzten Jahreskosten der landwirtschaftlichen Erzeugung verpflichtet sich eine Gruppe, jährlich im Voraus einen festgesetzten (meist monatlichen) Betrag an den Solawi-Betrieb zu zahlen. Hierdurch wird dem/der Erzeuger*in ermöglicht, sich unabhängig von Marktzwängen einer guten landwirtschaftlichen Praxis zu widmen, den Boden fruchtbar zu erhalten und bedürfnisorientiert zu wirtschaften. Die Abnehmer*innen erhalten im Gegenzug die gesamte Ernte sowie weiterverarbeitete Erzeugnisse wie Brot und Käse (Quelle: www.solidarische-landwirtschaft.org. Hier findet man noch mehr Infos und alle Betriebe der Solawi).

Gärtnern geht auch in der City.

BEETFORMEN: WIE MAN SICH „BEETET", SO ERNTET MAN!

Folientunnel, Frühbeet oder Hochbeet? Für jede/n Gärtner*in und jeden Anlass gibt es das passende Beet.

Anzuchtkisten standen bei Oma Charlotte ab Februar auf der Fensterbank. Darin wurden Gurken-, Tomaten- oder Kürbis-Pflänzchen vorgezogen, denn die brauchen mindestens 20 Grad, um sich gut zu entwickeln. Es gibt Anzuchttöpfchen aus Kokosfaser oder Torf. Diese können dann direkt ins Beet gesetzt werden.

Der Folientunnel ist ein Gewächshaus en miniature. Er besteht aus einem Gerüst und einer speziellen Gewächshausfolienbespannung. Das Mini-Gewächshaus gibt es im Handel ab etwa 30 Euro. Selbstbausätze kosten ab knapp 10 Euro. Der Folientunnel bringt einige Vorteile: Bei Sonne erwärmt sich die Luft und es ist im Inneren immer einige Grad wärmer als die Außenluft. So schützt er Freilandpflanzen vor leichtem Frost und auch vor Schnecken.

Kleine Gewächshäuser sind ideal für kleine Gärten und Terrassen. Es gibt sie aus Glas, aus Kunststoff, Folie und zum Anlehnen, beispielsweise an die Hauswand. Ein Gewächshaus jenseits des Spaßfaktors sollte eine Grundfläche von mindestens 3 x 4 Metern und eine Firsthöhe von 2 Metern haben. Dann kann man darin richtig gärtnern. Im warmen Klima gedeihen exotische Blumen ebenso wie verschiedene Gemüsesorten. Kleine, standfeste Gewächshäuser gibt es ab etwa 250 Euro. Im eigenen Gewächshaus kann man Tomaten, Radieschen und anderes Gemüse vorziehen oder man lässt darin mediterrane Pflanzen wie Zitronenbäumchen überwintern.

Das Frühbeet ist ein Holzkasten, dessen Rückseite bis 25 Zentimeter höher ist als die Vorderseite. Die nach unten abgeschrägte Seite besteht aus Glas oder Folie und sollte nach Süden ausgerichtet sein, damit die eingefangene Sonnenwärme für ein frühes Wachstum genutzt werden kann. Durch Büsche oder angehäufte Erde kann man das Frühbeet zusätzlich vor später Kälte schützen. Tagsüber wird der Kasten je nach Außentemperatur mehr oder weniger geöffnet. In Frühbeeten kann man früher ernten und die Vegetationszeit wird verlängert. Man kann Kopfsalat, Gartenkresse, Kräuter, Radieschen, Gurken und Zucchini vorziehen. Hat man das bereits in Anzuchttöpfchen auf der Fensterbank erledigt, kann man die Pflänzchen ins Frühbeet setzen und wird mit einer frühen Ernte belohnt.

Ein Hügelbeet wird am besten in Nord-Süd-Richtung angelegt, damit der Hügel die volle Sonne abbekommt. Es sollte eine Basis von mindestens 1,40 Meter haben. Bevor man ein Hügelbeet anlegen kann, muss man das Erdreich am geplanten Standort mindestens 10 Zentimeter ausheben. Dann werden entlang der Mittellinie Aststücke und andere grobe Pflanzenteile etwa 50 Zentimeter hoch aufgeschichtet. Darüber kann man die abgetragene Erde häufen und festklopfen. Als nächstes schichtet man altes Laub und darüber eine Schicht Mulchkompost. Dieser sollte viele Regenwürmer beheimaten. Alles wieder gut andrücken und zum Schluss wird eine Lage feiner Kompost gemischt mit Muttererde aufgefüllt und festgeklopft. Beste Zeit, ein Hügelbeet anzulegen, ist der Herbst. Durch das Verrotten im Innern des Hügelbeets entsteht genügend Wärme, um im frühen Frühjahr mit der Bepflanzung wie im Frühbeet zu beginnen.

WIE SIE EIN HOCHBEET RICHTIG BEFÜLLEN:

BLUMENERDE, KOMPOST, GARTENERDE

RASENSCHNITT, KÜCHENABFÄLLE, LAUB

ÄSTE, ZWEIGE, WURZELWERK

Ein Hochbeet muss richtig aufgeschichtet werden, damit es Ertrag bringt.

Hochbeete sind die perfekte Alternative für Hobbygärtner in der Stadt.

Eine Abwandlung des Hügelbeetes ist das Hochbeet. Mittlerweile sehr beliebt und in stylischen Ausfertigungen in verschiedenen Größen zu haben. Beim Anlegen des Hochbeetes kommt es wie beim Hügelbeet auf die richtige Schichtung der Materialien an. Grundlage bildet Reisig, darüber Laub und Erde. Es folgt Mulchkompost und Mutterboden. Darüber gibt man eine Schicht reifen Kompost und nochmals gut 10 Zentimeter Mutterboden. Auf dem Oberboden kann man schwarze, geschlitzte Folienstreifen auslegen, die das Beet von oben warmhalten, den Regen durchlassen und Unkräuter im Beet verhindern. Zwischen den Folienstreifen bleiben Rillen frei, in die wird gesät oder gepflanzt. Im Herbst sollte die Folie entfernt und eine neue Schicht Kompost auf das Hochbeet gefüllt und mit der Grabharke in die vorhandene Erde eingearbeitet werden.

DAS GARTENBEET

Egal, ob Nasch-, Bienen- oder Gemüsebeet im Garten, ein Beet ist übers Jahr ein Genuss für alle Sinne.

Will man beispielsweise ein Gemüsebeet im Garten anlegen, sollte man dafür einen sonnigen bzw. halbschattigen Standort aussuchen. Dort gedeihen die meisten Gemüsesorten. Aber welche Gemüsesorten mag ich eigentlich? Und welche Ansprüche stellen diese an den Boden, wie viel Platz und Pflege brauchen sie? Eine Zucchini-Pflanze beansprucht, bis sie ausgewachsen ist, etwa einen Quadratmeter Platz. Auch Tomaten sind anspruchsvolle Diven, die viel Aufmerksamkeit und Pflege brauchen. Radieschen hingegen sind genügsam, ebenso wie Lauch oder Salat. Garten-Laien empfehle ich, schon beim Kauf der Samen oder Keimpflanzen auf den Schwierigkeitsgrad beim Anbau zu achten.

Grundlage für ein ertragreiches Gemüsebeet ist der Boden. Außerdem gedeiht nicht jedes Gemüse auf jedem Boden. Ist dieser beispielsweise sehr lehmig, sollte man etwas groben Sand einarbeiten. Auf künstliche Dünger sollte man im Gemüsebeet grundsätzlich verzichten. Denn der zerstört die natürlichen Mikroorganismen in der Erde. Hingegen verbessern Omas traditionelle, natürliche Düngemittel wie Pferdedung, Kompost oder Hornmehl die Bodenqualität und bieten Mikroorganismen und Kleinstlebewesen ein verlockendes Habitat. Zum Anlegen eines Beetes gehört es, die Grasschicht abzutragen und die Erde darunter mit einer Hacke aufzulockern oder mit dem Spaten umzugraben. Danach wird die abgetragene Erde von Wurzelwerk und Steinen befreit und mit Humus – glückliche/r Gärtner*in, wer einen eigenen hat – vermischt wieder aufs Beet geschaufelt. Es empfiehlt sich, das Beet für ein bis zwei Wochen ruhen zu lassen, bis man mit der Aussaat beginnt. Die sollte planvoll sein. Oma Charlotte wusste genau, in welcher Gemeinschaft, Reihenfolge, Anordnung und Pflanzenfolge die Beete bepflanzt werden mussten, um einen hohen Ertrag zu erzielen.

OMA CHARLOTTES BESTE GARTEN-HACKS

WAS VERTREIBT WÜHLMÄUSE, SCHNECKEN & CO.? WARUM LOCKT KAFFEESATZ REGENWÜRMER AN UND WARUM STECKT MAN STREICHHÖLZER IN DIE TÖPFE VON ZIMMERPFLANZEN? OMA CHARLOTTE HATTE GEGEN JEDEN PLAGEGEIST DAS PASSENDE HAUSMITTEL.

▷ DIE AUSSAAT FEINER SAMEN WIRD LEICHTER UND GLEICH-MÄßIGER, WENN MAN DAS SAATGUT MIT TROCKENEM SAND VERMISCHT.
▷ KOHL BLEIBT VON RAUPEN VERSCHONT, WENN MAN TOMATEN-PFLANZEN ZWISCHEN DEN KOHL SETZT.
▷ ABENDS GEERNTETES GEMÜSE SCHMECKT AM BESTEN – AU-ßER BOHNEN. DIE BEHALTEN FRÜH MORGENS GEERNTET IHR VOLLES AROMA.
▷ ROSENSTRÄUCHER BLÜHEN LÄNGER, WENN MAN DIE BLÜTEN ABKNIPST, BEVOR SIE ANFANGEN ZU ENTBLÄTTERN.
▷ GIEßEN SOLLTE MAN NUR MIT ABGESTANDENEM WASSER. MEINE OMA CHARLOTTE HOLTE DAS GIEßWASSER NOCH AUS DEM AM GARTEN VORBEIFLIEßENDEN, DAMALS NOCH UNBE-LASTETEN BACH.
▷ GRAS UND UNKRAUT ZWISCHEN GEHWEGPLATTEN? KEIN PROBLEM! EINFACH PRO LITER KOCHENDEM WASSER ZWEI TEELÖFFEL BULLRICH-SALZ (NATRIUMHYDROGENCARBONAT) AUFLÖSEN UND DAS GRÜNZEUG ÜBERGIEßEN. DAS SALZ ERHÖHT DEN PH-WERT DES BODENS UND VERHINDERT DAS NACHWACHSEN DES UNKRAUTS.
▷ WÜHLMÄUSE NEHMEN REIßAUS, WENN KNOBLAUCHPFLANZEN IN DEN BEETEN STEHEN.
▷ WÜRMERN, LÄUSEN UND ANDEREN KRABBELTIEREN IM BLUMENTOPF AUF DER FENSTERBANK KANN MAN MIT VER-KEHRTHERUM GESTECKTEN STREICHHÖLZERN IN DER ERDE DEN GARAUS MACHEN. DAS GETIER MAG KEINEN SCHWEFEL, DER AN DEN KÖPFEN DER ZÜNDHÖLZER HAFTET.
▷ SPINNMILBEN WERDEN MIT ZWIEBELSUD, DER AUF DIE BEFAL-LENE PFLANZE GESPRÜHT WIRD, VERTRIEBEN.

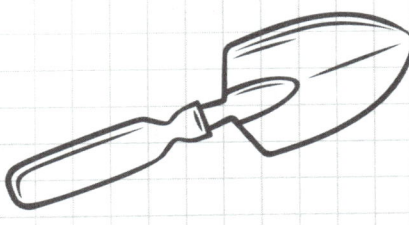

▷ WEIL BLATTLÄUSE KEINEN TEE MÖGEN, KANN MAN SIE MIT EINEM KRÄFTIG GEBRÜHTEN SCHWARZTEE BESPRÜHEN UND SO VERJAGEN.

▷ DER GERUCH VON KAFFEESATZ VERTREIBT BLATTLÄUSE, AMEISEN UND SCHNECKEN AUS BLUMENTÖPFEN UND BEETEN. DAFÜR LOCKT ER KLEINE TIERE AN, DIE DEN BODEN AUFLOCKERN. ZUM SCHUTZ DER BEETE STREUT MAN EINFACH KAFFEESATZ AUF DIE ERDE, MAN KANN ABER AUCH EINEN KLEINEN WALL UM DAS BEET BAUEN.

Kaffeesatz ist zu schade zum Entsorgen. Im Garten und in den Beeten ist er ein wertvoller Dünger und hält Ungeziefer fern.

PHÄNOLOGIE: GÄRTNERN MIT DEN JAHRESZEITEN

Wenn die Forsythien blühen, ist der richtige Zeitpunkt gekommen, um die Rosen zu beschneiden. Gängiges Wissen von Oma Charlotte, der ganz ohne wissenschaftlichen Hintergrund die „Lehre der Erscheinungen" (Phänologie) ganz geläufig war.

Diese Lehre befasst sich mit dem Einfluss des Wetters und des Klimas auf die Entwicklung von Tieren und die Wachstumsphasen von Pflanzen im Jahresverlauf. Meine Oma hatte sich dieses Wissen bei ihrer Arbeit auf dem Bauernhof im Laufe vieler Jahre durch Beobachtung angeeignet. Die ältesten phänologischen Beobachtungsdaten wurden jedoch bereits im Jahr 705 gemacht. Seitdem werden nämlich die Daten für den Beginn der Kirschbaumblüte in den Archiven des Kaiserlichen Hofes in Japan notiert und aufbewahrt. So ist festzustellen, dass nicht nur die Kirschblüte in Japan immer früher beginnt, sondern sich auch der Beginn der Apfelblüte in unseren Breiten verschiebt. Während Anfang der 1950er Jahre die Apfelblüte durchschnittlich um den 10. Mai begann, ist es mittlerweile bereits 14 Tage eher so weit.

Phänomenal: Omas Wissen um das Gärtnern mit den Jahreszeiten.

OMA CHARLOTTES GARTEN-HACKS FÜR DIE ANZUCHT UND AUSSAAT:

▷ FÜR FRÜHERE ERNTEN: WER ANFANG MÄRZ EINEN KORB ODER EINE LATTENKISTE ÜBER DEN RHABARBER STÜLPT, KANN ETWA VIER WOCHEN FRÜHER ERNTEN.

▷ TOMATEN MUSS MAN REGELMÄßIG „ENTGEIZEN", DAS HEIßT, MAN ENTFERNT REGELMÄßIG DIE KLEINEN TRIEBE AUS DEN BLATTACHSEN DES HAUPTTRIEBS. ANSONSTEN SPRIEßT DAS GRÜN UND ES GIBT WENIGER ROTE PARADEISER.

▷ ERDBEEREN LIEBEN BRENNNESSELN UND GEDEIHEN DESWEGEN BESONDERS GUT, WENN IM JAHR ZUVOR BRENNNESSELN IN IHREM BEET SAßEN.

▷ FÜR KARTOFFELN, FENCHEL, GURKEN UND ERBSEN SIND TOMATEN SCHLECHTE VORGÄNGERPFLANZEN.

▷ TOMATEN LIEBEN MILCH! ALLE ZWEI WOCHEN EINEN KRÄFTIGEN SCHUSS INS BEET, SCHÜTZT DIE PFLANZE VOR KRAUTFÄULE.

▷ EINMAL HACKEN, ERSPART DREIMAL GIEßEN. BEI KNAPP WERDENDEN WASSERVORRÄTEN EIN UMWELTFREUNDLICHER GARTEN-HACK.

▷ AUCH MULCHEN ODER DAS AUSBRINGEN VON GRAS, TORF ODER STROH UM DIE PFLANZEN HERUM HÄLT DEN BODEN FEUCHT(ER).

▷ DREI HÄNDE VOLL GERSTE INS PFLANZLOCH GEBEN, IST EINE WIRKSAME ANWACHSHILFE FÜR OBSTBÄUME.

▷ WER SEINEN PFLANZEN VOR DEM EINPFLANZEN EIN FUßBAD GÖNNT UND DIE WURZEL IN FEUCHTES ZEITUNGSPAPIER WICKELT, HAT BESSERE CHANCEN, DASS DIE PFLANZEN BESSER ANWACHSEN.

▷ OMA CHARLOTTE HAT SAATGUT GEBEIZT. DAS BESCHLEUNIGT DIE KEIMUNG, FÖRDERT DEN BLÜTENANSATZ UND SCHÜTZT VOR PFLANZENKRANKHEITEN. DAZU HAT SIE AUS EINER MULLBINDE KLEINE SÄCKCHEN GEFORMT, DORT HINEIN KAM DAS SAATGUT, BEISPIELSWEISE KOHL, TOMATEN, GURKEN, ZUCCHINI, ZWIEBELN, PORREE, ABER AUCH SAMEN VON BLUMEN. SIE WUSSTE AUCH, DASS JEDES SAMENKORN SO SEINE VORLIEBEN HAT.

DAS GARTENJAHR AUF EINEN BLICK

Frühling, Sommer, Herbst und Winter – Oma Charlotte hatte immer etwas im Garten zu tun. Denn sie wusste, wie sehr die Arbeit im Garten und die Pflanzen von den Jahreszeiten abhängig sind. Für Garten-Beginner ist ein Kalender hilfreich, in dem das Gartenjahr strukturiert wird: vom Zeitpunkte der Aussaat, der Düngung bis zur Ernte und den jeweils nötigen Arbeiten.

So ist im Winter die beste Zeit, Beete und Veränderungen im Garten zu planen. Im Frühling muss der Boden aufgelockert, gedüngt und zur Aussaat vorbereitet werden. Dann wird gesät. Zwischen Mai und Juni explodiert das Grün im Garten und die erste Ernte von zartem Salat bis zu knallroten Erdbeeren kann beginnen. Im Herbst werden die Früchte an den Obstbäumen reif. Vom Frühjahr bis zum späten Herbst braucht der Garten regelmäßige Pflege. Im Winter können sich Gärtner und Garten ausruhen.

AUSSAATKALENDER – KRÄUTER

	JAN	FEB	MÄR	APR	MAI	JUN	JUL	AUG	SEP	OKT	NOV	DEZ	
Basilikum													andrücken
Blattkoriander													1 cm
Bohnenkraut													andrücken
Dill													andrücken
Lavendel													0,5 cm
Liebstöckel													0,5 cm
Majoran													0,5 cm
Petersilie													0,5–1 cm
Rosmarin													0,5 cm
Rucola													0,5 cm
Schnittlauch													2 cm
Thymian													0,5 cm

■ Aussaat   ■ Ernte

AUSSAATKALENDER – GEMÜSE

	JAN FEB MÄR APR MAI JUN JUL AUG SEP OKT NOV DEZ	
Blumenkohl		1 cm
Brokkoli		0,5–1 cm
Feldsalat		1–2 cm
Fenchel		0,5–1 cm
Grünkohl		1 cm
Gurken		2–3 cm
Karotten		2 cm
Kohlrabi		1 cm
Kopfsalat		1 cm
Kürbis/Zucchini		2,5 cm
Lauchzwiebel		1–2 cm
Mangold		2–3 cm
Mark- & Zuckererbsen		3–5 cm
Melone		1,5–2 cm
Paprika		1 cm
Pastinake		1–2 cm
Porree		2–3 cm
Puffbohnen		4–6 cm
Radieschen		0,5–1 cm
Rosenkohl		0,5–1 cm
Rot-/Weiß-/Wirsingkohl		1 cm
Sellerie		andrücken
Spinat		1–2 cm
Steckrübe		1–2 cm
Tomate		0,5 cm
Zwiebeln		1–2 cm

Aussaat Ernte

AUF GUTE NACHBARSCHAFT!
WER VERSTEHT SICH GUT IM GEMÜSEBEET?

▷ Bohnen: Günstig mit Kohl, Sellerie, Bohnenkraut, Gurken, Kürbissen, Tomaten, Salaten, Rüben, Rhabarber, Kresse, Dill. Ungünstig mit Bohnen, Erbsen, alles aus der Zwiebelfamilie, Fenchel.

▷ Brokkoli & Blumenkohl: Günstig mit Rote Bete, Sellerie, Auberginen, Erbsen, Kartoffeln. Ungünstig mit Zwiebeln, Kohl.

▷ Erbsen: Günstig mit Kohl, Salaten, Rhabarber, Rettichen, Karotten. Ungünstig mit Zwiebel- & Lauchgewächsen, Bohnen, Kartoffeln, Tomaten.

▷ Erdbeeren: Günstig mit Buschbohnen, Knoblauch, Lauch, Zwiebeln, Ringelblumen, Chrysanthemen. Ungünstig mit Kohl.

▷ Fenchel: Günstig mit Gurken, Salaten, Erbsen, Anbau nach Frühkartoffeln. Ungünstig mit Bohnen, Tomaten, Kümmel, Paprika, Kohlrabi.

▷ Gurken: Günstig mit Dill, Bohnen, Kohl, Zwiebeln, Salaten, Knoblauch, Paprika, Sellerie, Spinat. Ungünstig mit Radieschen, Rettich, Zucchini.

▷ Karotten: Günstig mit Zwiebel- und Lauchgewächsen, Erbsen, Radieschen, Rettich, Dill, Pfefferminze. Ungünstig mit Sellerie.

▷ Kartoffeln: Günstig mit Bohnen, Meerrettich, Pfefferminze, Baldrian, Kohlrabi, Kapuzinerkresse. Ungünstig mit Auberginen, Tomaten, Erbsen, Sellerie.

▷ Knoblauch: Günstig mit Möhren, Erdbeeren, Salaten, Gurken, Obstbäumen. Ungünstig mit Erbsen, Bohnen, Kohl, Zwiebeln, Lauch.

▷ Kohlsorten: Günstig mit Möhren, Erbsen, Rhabarber, Tomaten, Sellerie, Spinat, Kresse, Gurken, Auberginen, Mangold, Rote Bete, Pfefferminze. Ungünstig mit anderen Kohlarten, Zwiebeln, Knoblauch, Erdbeeren, Kartoffeln.

▷ Kürbis: Günstig mit Bohnen, Zwiebeln. Ungünstig mit Gurken, Zucchini.

▷ Lauch: Günstig mit Möhren, Schwarzwurzeln, Kohlrabi, Erdbeeren, Salaten, Tomaten, Sellerie, Pastinaken. Un-

günstig mit Rote Bete, Bohnen, Erbsen, Zwiebeln, Knoblauch.

▷ Mangold: Günstig mit Möhren, Radieschen, Kohl, Bohnen, Pastinaken. Ungünstig mit Rote Bete, Spinat, Schwarzwurzeln.

▷ Paprika: Günstig mit Tomaten, Gurken, Kohl, Möhren. Ungünstig mit Walnuss, Fenchel, Kapuzinerkresse.

▷ Rote Bete: Günstig mit Bohnen, Zwiebeln, Gurken, Knoblauch, Kohl, Lauch, Salaten, Zucchini. Ungünstig mit Spinat, Mangold, Auberginen, Kartoffeln.

Knoblauch im Beet hält Schnecken fern und zahlreiche Salate und Gemüsesorten lieben ihn als Nachbarn.

▷ Radieschen & Rettich: Günstig mit Salaten, Spinat, Erbsen, Möhren, Bohnen, Kohl, Mangold, Kresse, Petersilie, Pfefferminze, Bohnen, Erbsen, Erdbeeren, Mangold. Ungünstig mit Gurken.
▷ Rhabarber: Günstig mit Kohl, Salaten, Spinat, Bohnen, Erbsen. Keine Unverträglichkeiten.
▷ Salat: Günstig mit Auberginen, Bohnen, Bohnenkraut, Erbsen, Rettich, Schwarzwurzeln, Rhabarber, Lauch, Knoblauch, Ringelblumen. Ungünstig mit Petersilie, Sellerie, Kartoffeln.
▷ Sellerie: Günstig mit Bohnen, Erbsen, Dill, Ringelblumen, Kohl, Tomaten, Spinat, Lauch. Ungünstig mit Sellerie, Möhren, Salaten, Kartoffeln.
▷ Spinat: Günstig mit Rhabarber, Rettich, Radieschen, Bohnen, Kohl, Kresse, Tomaten, Sellerie, Auberginen. Ungünstig mit Rote Bete, Mangold.
▷ Tomaten: Günstig mit Salaten, Kohl, Sellerie, Lauch, Bohnen, Kamille, Petersilie, Basilikum, Zwiebeln, Knoblauch. Ungünstig mit Gurken, Fenchel, Kartoffeln, Erbsen, Walnuss.
▷ Zucchini: Günstig mit Bohnen, Zwiebeln. Ungünstig mit Gurken, Kürbissen.
▷ Zwiebel: Günstig mit Möhren, Kürbissen, Erdbeeren, Tomaten, Rote Bete, Dill, Kamille, Zucchini. Ungünstig mit Bohnen, Kartoffeln, Kohl, Erbsen, Lauchgewächsen.

PFLANZEN BRAUCHEN NAHRUNG

Zum Gedeihen brauchen Pflanzen drei Hauptnährstoffe: Stickstoff, Phosphor und Kalium, außerdem Magnesium und Schwefel. Ohne diese Stoffe in ausreichender Menge, entsteht bei Pflanzen eine Mangelernährung und sie stirbt ab.

DER KOMPOST: DIE GOLDGRUBE DES GÄRTNERS

Ein Komposthaufen erfüllt im Garten gleich mehrere Funktionen: er nimmt alle anfallenden Garten- und viele Küchenreste auf und verwandelt die im Laufe des Jahres unter Mitwirkung fleißiger Bodenlebewesen in wertvollen Humus um.

Laub, Grasschnitt, Gemüse- und grüne Küchenabfälle ergeben, wenn man sie richtig im Komposthaufen schichtet und pflegt, hervorragenden Dünger. Humusreicher Kompost sorgt für gutes Pflanzenwachstum und fördert das Bodenleben. Auch auf dem Komposthaufen vollbringt der bereits vielbemühte Kaffeesatz Gutes. Eingestreute Zwiebelstücke, Knoblauch, Porree und Obstabfälle locken Regewürmer an. Die wünscht man sich im Komposthaufen, weil sie wie kleine Bioreaktoren alles, was sie fressen und verdauen, als hochwertigen Kompost hinten wieder ausscheiden. Oma Charlotte lockte Regenwürmer sogar mit einem Teelöffel Baldrianblütenextrakt, aufgelöst in 5 Litern Gießwasser, an. Und nun: in die Hände gespuckt und einen Komposthaufen angelegt!

Für den Standort ist zu berücksichtigen:
▷ Der Kompost sollte im Halbschatten aufgeschichtet werden und einen offenen Boden haben, damit nützliche Lebewesen einwandern können. Ein Hasendraht am Boden hält Nager fern.
▷ Abstand zum Haus und dem Nachbargrundstück ausreichend gut wählen. Er sollte aber nicht zu weit von den Nutzflächen entfernt sein.
▷ Der Kompost sollte mit Hecken oder Bäumen (Sicht- und Windschutz) umpflanzt sein.
▷ An den Kompost muss Luft kommen, er darf nicht von geschlossenen Wänden umgeben sein.
▷ Für Gartenkompost eignen sich offene Behältnisse, die den Luft- und Wasseraustausch ermöglichen oder die sogenannte „Miete", der frei aufgeschichtete Komposthaufen.

▷ Der Latten-Kompost ist wegen der variablen Höhe an die Menge des Füllgutes anpassbar und sollte aus naturbelassenem Holz bestehen. Wichtig ist, dass der natürliche Luftaustausch gewährleistet ist und die Bretter herausnehmbar sind.
▷ Der Drahtgitter-Kompost funktioniert wie ein Lattenkompost, ist aber haltbarer (Quelle: www.nabu.de).

DER KOMPOST

So einfach selbst gemacht

FEINER KOMPOST (GESIEBTE GARTENERDE, PFLANZENSUBSTRAT, GARTENRESTE, KOMPOSTIERBARE KÜCHENABFÄLLE)

GROBER KOMPOST (GARTEN- UND GRÜNABFÄLLE)

FEINES GRÜNGUT (HÄCKSEL, GRÜNHOLZSCHNITT, LAUB)

GROBES MATERIAL (ÄSTE, SCHNITTGUT, STÄNGEL)

WAS KANN ALLES KOMPOSTIERT WERDEN?

Grundsätzlich eignen sich alle organischen Haushalts- und Gartenabfälle. Auch Kaffeesatz und Teereste, gefüllte Staubsaugerbeutel, Papiertüten und Holzwolle verrotten gut und starten recycelt als Wachstumsbeschleuniger durch. Pappe, Papier und Sägespäne gehören zu den Stoffen, die vor dem Kompostieren angefeuchtet werden sollten. Haare von Mensch und Tier sowie Fuß- und Fingernägel gehören wegen ihrer Hornanteile sogar zu den wertvollen Kompost-Zutaten. Außerdem leistet alte Garten- und Kübelerde auf dem Kompost gute Dienste. Gartenabfälle wie Äste und Zweige, Rinde oder welke Blumen sollten vor dem Kompostieren zerkleinert werden. Pflanzenteile mit Pilz- oder Ungezieferbefall müssen in der Biotonne entsorgt werden. Beim Material ist außerdem zu beachten:

▷ Das eingebrachte Material sollte feucht, aber nicht nass sein, und großflächig aufgebracht werden.
▷ Gut ist, wenn möglichst viel unterschiedliches Material eingebracht und gut durchgemischt wird.
▷ Grobes Material sollte 20 Zentimeter auf dem Boden aufgeschichtet werden, dann darauf das feinere Material.
▷ Zum Schluss abdecken – das fördert die Wärmeentwicklung und verhindert den Feuchtigkeitsverlust.

Kaum ist der Kompost angelegt beginnen auch schon die Abbauprozesse. Bei der sogenannten „Rotte" werden die organischen Substanzen des Materials ab- und umgebaut. Dabei verrichten Mikroorganismen fleißig ihre Arbeit. Dazu benötigen sie allerdings günstige Bedingungen wie ausreichend Sauerstoff, Wasser und eine angenehme Temperatur. Zu Beginn der Rotte werden die schnell abbaubaren Stoffe von den Mikroorganismen verspeist, dabei entsteht Wärme. Die Temperaturen in einem frischen Komposthaufen können dabei auf über 70 Grad Celsius steigen. Nach dieser Phase sinkt die Temperatur wieder und Kleinstlebewesen wandern in den Komposthaufen ein. Die Kaltrotte beginnt und Humus wird produziert (Quelle: www.nabu.de).

OMA CHARLOTTES RESSOURCENSPARENDE GARTEN-HACKS:

MIT DIESEN KÜCHENRESTEN TUT MAN SEINEN PFLANZEN ETWAS GUTES:

▷ OMA GOSS IHRE ZIMMER- UND BALKONPFLANZEN MIT DEM WASCHWASSER VON OBST UND SALAT ODER DEM KOCHWASSER VON KARTOFFELN UND GEMÜSE. ERSTERES SPART DIE WERTVOLLE RESSOURCE WASSER, ZWEITERES IST DAS DOPING FÜR IHRE PFLANZEN, WEIL GEMÜSE BEIM KOCHEN NÄHR- UND MINERALSTOFFE AN DAS KOCHWASSER ABGIBT.

▷ EIERSCHALEN SIND EINE EFFEKTIVE UND KOSTENGÜNSTIGERE ALTERNATIVE ZU HANDELSÜBLICHEN DÜNGERN. SIE ENTHALTEN WICHTIGE NÄHSTOFFE WIE KALZIUM ODER KALK. DAZU MUSS MAN DIE EIERSCHALEN ZERMAHLEN. FÜR EINEN LITER GIEßWASSER SIND DIE SCHALEN VON DREI BIS VIER EIERN AUSREICHEND. DIE EIERSCHALENBRÖSEL INS GIEßWASSER GEBEN UND EINE WOCHE STEHEN LASSEN. NACHDEM SICH DIE SCHALEN IM WASSER AUFGELÖST HABEN, KÖNNEN DIE PFLANZEN MIT DEM NATÜRLICHEN DÜNGER GEGOSSEN WERDEN.

▷ SCHNECKEN LIEBEN ES GAR NICHT, WENN SIE ÜBER SCHARFKANTIGE, ZERBROCHENE EIERSCHALEN KRIECHEN MÜSSEN. DESWEGEN KANN MAN MIT DEN SCHALEN GUT KLEINE "SCHUTZWÄLLE" UM SALATPFLANZEN ANLEGEN.

▷ MIT KAFFEESATZ KANN MAN KOSTENGÜNSTIG DÜNGEN. ER ENTHÄLT EINE HOHE KONZENTRATION AN WICHTIGEN NÄHRSTOFFEN WIE STICKSTOFF, KALIUM UND PHOSPHOR UND FÖRDERT SO DAS PFLANZENWACHSTUM UND SCHÜTZT SIE VOR KRANKHEITEN.

▷ AUCH TEE HAT WERTVOLLE INHALTSSTOFFE. FÜR EINEN KRÄFTIGENDEN GUSS BEWAHRT MAN ALTE TEEBEUTEL AUF, TROCKNET DIESE UND DÜNGT DAMIT DIE PFLANZEN.

▷ SCHWARZER TEE EIGNET SICH GUT, UM SCHÄDLINGE FERNZUHALTEN. KAMILLENTEE HILFT BEI DER PFLANZENAUFZUCHT. GRÜNER TEE TRÄGT ZUR BODENVERBESSERUNG BEI. ALLE SPARSAM DOSIEREN!

▷ DER LETZTE SCHLUCK BIER SCHMECKT MAL WIEDER SCHAL? MACHT NICHTS! BIER ENTHÄLT HOPFEN UND MALZ UND DAMIT NATÜRLICHE NÄHRSTOFFE. DESWEGEN HAT MEINE OMA DAMIT IHRE PFLANZEN GEGOSSEN, ALLERDINGS MAXIMAL ZWEIMAL IN DER WOCHE.

MERKE: BEI ALLEN VERWENDETEN HAUSMITTELN, EGAL OB KOMPOST, KAFFEESATZ ODER MINERALWASSER UND BIER, SOLLTE MAN AUF DIE DOSIERUNG ACHTEN! ES GILT: LESS IS MORE! HILF-REICH IST ES AUCH, ORGANISCHE DÜNGEMITTEL IMMER WIEDER ZU WECHSELN.

Der Kompost trägt Früchte: er ist beispielsweise ein Lieblingsort für Kürbisse.

ZIMMERPFLANZEN: OMA CHARLOTTES GRÜNES PARADIES AUF DER FENSTERBANK

Grün ist wieder in, auch im Wohnzimmer. Da erlebt der Gummibaum oder der Ficus Benjamini ebenso ein unglaubliches Revival wie der Drachenbaum oder die Calathea, beliebt wegen ihrer auffällig gemusterten Blätter. Fachhändler freuten sich in den vergangenen zwei Jahren über 20 Prozent Umsatzplus. Im Frankfurter Palmengarten beklagt man hingegen, dass immer öfter Blätter oder Zweige von seltenen Pflanzen in den Schaugewächshäusern abgebrochen und schlichtweg geklaut werden. Für jeden Zimmer-Gärtner gibt es die richtige Pflanze: die Trendpflanze Monstera (Fensterblatt) hat dekorative Blätter mit auffälligen Löchern und ist recht pflegeleicht. Ein heller Standort und einmal in der Woche gießen reicht. Ab und zu sollten die Blätter abgestaubt werden. Mit wenig Licht kommt die Calateha aus. Grüne Hingucker und pflegeleicht sind Sukkulenten wie Bogenhanf, Aloe, Crassula oder Rhipsalis. Aber selbst pflegeleichte oder anspruchslose Zimmerpflanzen können kränkeln. Gründe dafür gibt es einige – von zu wenig Licht und Staunässe bis Nährstoffmangel und Schädlingsbefall.

Problem Lichtmangel: Signifikante Zeichen dafür sind lange, dünne Triebe mit kleinen Blättern, gelbe oder abfallende Blätter. Durch den extremen Wuchs versucht die Pflanze sich einer Lichtquelle anzunähern. Oma würde das Problem ganz einfach lösen und die Pflanze näher zum Licht rücken. Heute gibt es auch die App „Lichtstärke für Zimmerpflanzen", mit der man den Lux-Wert des Standortes messen und so den idealen Standort ermitteln kann.

Problem Staunässe: Verfärben sich die Blätter der Pflanze gelb oder werden welk? Dann sollte man in den Untersetzer schauen und prüfen, ob hier das Wasser steht. Wenn ja, dann hat man es mit dem Gießen zu gut gemeint. Staunässe kann zu Wurzelfäule führen und den Befall mit schädlichen Pilzen begünstigen. Erste Hilfe bei Staunässe: Überschüssi-

ge Flüssigkeit wegkippen, die Wurzeln samt Erde aus dem Topf nehmen, in Zeitungspapier wickeln und ausdrücken. Gelbe und braune Wurzeln wegschneiden und die Pflanze am besten in Zimmerpflanzensubstrat wieder einpflanzen. Eine Drainageschicht aus Tongranulat im Übertopf verhindert künftige Staunässe.

Manche Zimmerpflanzen, besonders die Exoten, lieben es nebelfeucht. Da hilft regelmäßiges Sprühen, was auch das Raumklima im Winter verbessert.

KRANKE PFLANZEN HEILEN

Trotz sorgfältiger Pflege können auch Pflanzen – im Garten und auf der Fensterbank – krank werden. Einmal etabliert, kommen die meisten Schädlinge in riesigen Scharen und oft wie aus dem Nichts. Schädlinge von Blattläusen bis Schnecken, von Trauermücken bis Mehltau sind unliebsame Besucher im Garten und auf der Fensterbank, weil sie den Pflanzen sogar das Leben aussaugen können. Durchlöcherte oder welke Blätter, Pilz- oder Insektenbefall müssen aber nicht mit der chemischen Keule behandelt werden. Oma Charlotte kannte so manches Hausmittel mit Durchschlagskraft und für ein gesundes Pflanzenleben.

▷ Den abschreckenden Effekt von verschiedenen Pflanzen wie Lavendel, Bohnenkraut, Thymian, Rosmarin, Ysop und Salbei auf Blattläuse und andere Schädlinge nutzte Oma Charlotte und legte Mischkulturen in ihren Beeten an.

▷ Schachtelhalm-Extrakt hat Oma vorbeugend verwendet. Man sprüht einmal in der Woche die Lieblingspflanzen der Blattläuse (und anderer Schädlinge) damit ein und verhindert so, dass die Insekten an den Saft gelangen. Zusätzlich stärkt die enthaltene Kieselsäure die Pflanze.

▷ Knoblauch hat auf Blattläuse eine ähnliche Wirkung wie auf Vampire. Bei leichtem Befall steckt man in der Nähe des Pflanzenstiels eine geschälte Zehe bis zur Hälfte in die Erde. Bei dichterem Befall sprüht man die Pflanze mit Knoblauchsud ein.

▷ Auch schwarzer Tee ist ein probates Hausmittel gegen Schädlinge. Die enthaltenen Gerbstoffe vernichten diese schnell und effektiv. Für den Sud kocht man zwei Teebeutel in einem halben Liter Wasser auf und lässt ihn etwa eine Viertelstunde lang ziehen. Ist der Tee abgekühlt kann man damit die befallenen Pflanzen einsprühen. Ruckzuck sind die Läuse mausetot.

▷ Blattläuse kann man auch mit Nützlingen zu Leibe rücken. Sie zählen nämlich zu der Lieblingsspeise von Marienkäfern, die bis zu 150 Läuse pro Tag verzehren können.

▷ Auch clever und umweltfreundlich: die Pflanzen mit einer Lotion aus Spülmittel und Wasser besprühen. Das hat zweierlei Wirkung: sie macht die Oberflächen der Pflanzen so rutschig, dass sich die Läuse nicht halten können. Wenn es Insekten trotzdem schaffen, ein Blatt zu erklimmen, werden sie von der Lotion erstickt.

▷ Schädlinge auf Zimmerpflanzen kann man bei geringem Befall mit einem sanften Wasserstrahl so oft wie nötig abduschen.

▷ Last but not least sollte man befallene Triebspitzen abschneiden und im Hausmüll entsorgen.

Knoblauchsud

Drei geschälte, klein geschnittene Knoblauchzehen und ein Liter Wasser in ein verschließbares Gefäß geben. Den Sud gut zwei Wochen lang ziehen lassen. Danach in eine Sprühflasche füllen und die Pflanzen großzügig, vor allem die Blattunterseiten und die Stielansätze, einsprühen.

Blattläusedusche

Man mischt 5 Milliliter Spülmittel mit 500 Milliliter kaltem Wasser, verrührt beides und füllt die Mischung in eine Sprühflasche. Damit lässt sich die Lösung so oft wie nötig auf der Pflanze verteilen.

Essig-Mischung

Man mischt 0,5 Liter Branntweinessig mit 4,5 Liter Wasser und gibt einen Spritzer Spülmittel dazu. Mit dieser Mischung die befallene Pflanze besprühen. Ist der Befall beispielsweise an Rosen sehr stark, kann man die Prozedur nach einer Wartezeit von maximal drei Tagen wiederholen.

PFLANZENSCHÄDLINGE: SCHNECKEN

Nicht alle Schnecken sollte man im Garten zur Schnecke machen! Denn beispielsweise Weinbergschnecken sind sehr nützlich. Sie fressen nur abgestorbenes Pflanzenmaterial. Außerdem verspeisen sie mit Vorliebe die Eier der Nacktschnecken, die zu den „Beeträubern" gehören.

▷ Da Schnecken besonders am Morgen und am Abend aktiv sind, kann man sie auf- und ablesen. Verteilt man kleinere Bretter, Steine und große Blätter (Rhabarber) im

Garten, weiß man, wo man suchen muss. Schnecken sitzen gern darunter.

▷ Schnecken mögen keinen Knoblauch, keine Zwiebeln und mediterranen Kräuter. Deswegen sollte man diese natürlichen Schneckenvertreiber zwischen Gemüse oder Blumen ins Beet pflanzen.

▷ Ausgestreute Holzasche bildet einen Wall rund um Gemüsepflanzen und Blumenbeete. Schnecken mögen es nämlich nicht über trockenen, feinkörnigen Untergrund zu kriechen. Das gilt auch für Säge- und Steinmehl.

▷ Auch Kaffeepulver hilft. Das enthaltene Koffein wirkt als Nervengift und kann bei Schnecken tödlich wirken.

▷ Die ungebetenen Gartengäste haben auch einige Fressfeinde. Vögel wie Amseln, Elstern, Meisen und Stare gehören zu den größten Feinden der Schnecken. Wer ihnen ein Vogelhaus spendiert, unterstützt die gefiederten Gartenpolizisten bei ihrem Auftrag.

▷ Auch bei Blindschleichen, Igeln, Kröten und Spitzmäusen stehen Schnecken ganz oben auf der Speisekarte.

PFLANZENSCHÄDLING: TRAUERMÜCKEN

Trauermücken erkennt man am taumelnden, nicht geradlinigen Flug. Zudem halten sie sich fast ausschließlich rund um den Blumentopf auf. Wie magnetisch angezogen werden die Mücken von Gerüchen, das kann ein Küchenabfluss sein ebenso wie Obstschalen oder Essig. Auch Blumenerde ist attraktiv für sie. Oft schleppt man Larven durch Billigpflanzen in Billigerde ein.

▷ Befallene Pflanzen schnellstmöglich von anderen Pflanzen isolieren.

▷ Da es die Schädlinge gerne warm haben, sollte man im Winter nicht mehr als 20 Grad aufheizen und die Räume regelmäßig lüften.

▷ Schon beim Kauf von Blumenerde auf Qualität achten, weil die Larven der Trauermücken in Blumenerde leben.

▷ Staunässe vermeiden, da sich die Mückenlarven in feuchter Erde gut bewegen können. Außerdem schwächt Staunässe die Pflanze.
▷ Wie Fruchtfliegen lassen sich auch Trauermücken durch Essig anlocken. Oma stellte dazu einen oder mehrere Becher mit Essig rund um die befallene Pflanze auf. Über den Becher wurde Folie gezogen und in diese mehrere Löcher gestochen. So können die Mücken durch die Löcher in den Becher, finden aber nicht mehr heraus.
▷ Wenn das alles nichts hilft, hilft nur noch wegwerfen!

PFLANZENSCHÄDLING: SPINNMILBEN

Winzig, aber eine große Plage sind Spinnmilben. Die knapp einen Millimeter großen Spinnentiere spinnen feine Netze dicht unter und über den Blättern. Dann wird die Pflanze ausgesaugt, zusätzlich können dabei Viren übertragen werden. Erkennbar ist der Befall an feinen Gespinsten und einer Vielzahl von kleinen weißen Blattflecken. Auch bei den Pflanzen auf der Fensterbank vom Gummibaum, den Orchideen bis zum Zimmerhibiskus finden sie das ganze Jahr über beste Lebensbedingungen.

▷ Gewächse im Freiland gründlich abspülen, ggf. Triebe und Blätter mit Gespinsten oder Punkten entfernen und im Biomüll entsorgen.
▷ Man kann befallene Pflanzen auch mit einer Mixtur aus Rapsöl oder Teebaumöl und Wasser besprühen. Sobald die Spinnentiere damit in Kontakt kommen, ersticken sie. Für die Mixtur gibt man 15 Tropfen Öl auf 500 Milliliter Wasser.
▷ Nikotin macht Spinnmilben den Garaus. Dazu vermengt man etwas Zigarettenasche mit Wasser und gießt die Pflanze damit.
▷ Außerdem helfen die bereits genannten Hausmittel Ackerschachtelhalmbrühe, Zwiebelsud, Spülmittel und Essig gegen Spinnmilben. Manchmal macht es auch der Mix mehrerer Anwendungen.

PFLANZENSCHÄDLING:
MEHLTAU – RICHTIGER UND FALSCHER

In unseren Gärten kommen nur der Echte und der Falsche Mehltau vor. Der Echte Mehltau ist eine Pilzkrankheit, zu erkennen an einem weißlichen, mehlartigen Belag auf den Blattober- und -unterflächen vornehmlich junger Pflanzenteile. Falscher Mehltau hingegen erscheint nur an der Blattunterseite, der Belag kann von weiß bis grau-blau und mehlig sein. Auf der Blattoberseite erscheint ein gelblichbrauner Fleckenteppich.

▷ Oma Charlottes erste Maßnahme: Zügig befallene Blätter entfernen und Früchte entsorgen.

▷ Echten Mehltau hat Oma Charlotte mit einer Mischung aus einen Teil Buttermilch und neun Teilen Wasser bekämpft. Mehrmals pro Woche Pflanze besprühen.

▷ Auch Natron ist ein bewährtes Hausmittel bei der Schädlingsbekämpfung. Man gibt ein Päckchen Natron auf zwei Liter Wasser plus 20 Milliliter Öl. Diese Mischung sprüht man im 2-Wochen-Rhythmus auf die Pflanze. Kann in 14-tägigem Rhythmus wiederholt werden.

▷ Gegen Falschen Mehltau hilft Knoblauchsud. Die kränkelnde Pflanze damit gießen und einsprühen.

▷ Brühe von Ackerschachtelhalmen ist ebenfalls sehr wirkungsvoll. Dazu 30 Gramm getrocknete Ackerschachtelhalme (wer sich auskennt und im Feld ernten kann, nimmt 300 Gramm frische Pflanzenteile) in zwei Litern Wasser einen Tag lang ziehen lassen. Danach wird die Brühe eine halbe Stunde lang bei kleiner Temperatur geköchelt, dann abgeseiht. Brühe muss so lange stehen bleiben, bis kein Schaum mehr zu sehen ist. Nun einen Teil der Brühe mit fünf Teilen Wasser vermischen und die betroffene Pflanze damit besprühen.

▷ Marienkäfer und ihre Larven sind auch gegen Mehltau sehr nützlich, denn sie fressen den Belag von den Pflanzen.

OMAS CHARLOTTES GRÜNE HACKS ZUR PFLANZENPFLEGE:

▷ WEGEN DER ENTHALTENEN MINERALIEN IST ALTES MINERAL-WASSER PERFEKT ZUM GIEßEN UND DÜNGEN VON BALKON- UND ZIMMERPFLANZEN. EBENSO SCHAL GEWORDENES BIER.

▷ AMEISEN MÖGEN KEINEN ZIMT, DESWEGEN KANN MAN MIT DEM GEWÜRZ AMEISENAUTOBAHNEN UNTERBRECHEN.

▷ SCHNITTBLUMEN HALTEN LÄNGER, WENN MAN 1. EINEN TL ZUCKER INS WASSER GIBT ODER 2. EINE ASPIRIN-TABLETTE DAZUGIBT, 3. EINE KUPFERMÜNZE IN DIE VASE LEGT ODER 4. INDEM MAN EINE ROHE KARTOFFEL, IN DIE ZUVOR KLEINE LÖCHER GEBOHRT WURDEN, IN DIE VASE LEGT UND DIE STÄNGEL IN DIE LÖCHER DRÜCKT.

▷ BLUMENZWIEBELN UND KNOLLEN KANN MAN GUT IN FRÜCHTE- ODER GEMÜSENETZEN AUFGEHÄNGT ÜBERWINTERN.

▷ EIERSCHALEN NIEMALS WEGWERFEN! ZERBRÖSELT UND INS BEET ODER DEN PFLANZKASTEN GESTREUT, SIND SIE NICHT NUR GUTER DÜNGER, SIE ERSCHWEREN AUCH SCHNECKEN, DIE NICHT GERN ÜBER SCHARFE KANTEN KRIECHEN, DEN ZUTRITT.

▷ OMA CHARLOTTE HAT IHRE PREZIOSEN WIE GUMMIBÄUME MIT ABGEKOCHTER MILCH STATT MIT BLATTGLANZSPRAY AUF HOCHGLANZ GEBRACHT. DAZU DIE ABGEKOCHTE MILCH AUF EIN WEICHES TUCH GEBEN UND DIE BLÄTTER DAMIT ABREIBEN – ENTSTAUBT UND GIBT GLANZ.

▷ MAIGLÖCKCHEN LASSEN ANDERE BLUMEN SCHNELLER WELKEN. DESWEGEN IMMER ALLEINE IN DIE VASE STELLEN.

▷ NELKEN HALTEN DEUTLICH LÄNGER, WENN MAN SIE IN ZITRONENLIMO STELLT.

▷ SALAT SCHIEßT NICHT SO SCHNELL, WENN MAN DEN STRUNK KURZ ÜBER DER ERDE MIT EINEM SCHARFEN MESSER EINSCHNEIDET.

▷ MAULWÜRFE VERTREIBT MAN, INDEM MAN HOLUNDERZWEIGE IN DIE ZUGÄNGE ZU IHREN BAUTEN STECKT.

▷ ZIMMERPFLANZEN NIE MIT KALTEM, SONDERN LAUWARMEM WASSER (ZIMMERTEMPERATUR) GIEßEN.

Herzlich willkommen! Marienkäfer sind fleißige, kleine Helfer im Garten.

▷ VOR DEM UMTOPFEN DEN NEUEN TONTOPF WÄSSERN, DAMIT ER DER FRISCH UMGETOPFTEN PFLANZE NICHT DAS WASSER ENTZIEHT.

▷ ZIMMERPFLANZEN, MEIST EXOTEN, VERTRAGEN KEINE ZUGLUFT. SIE STEHEN AUCH NICHT GERN IN DER PRALLEN SONNE. FAST JEDE DIESER PFLANZEN BRAUCHT DEN RICHTIGEN STANDORT, ALSO VORHER SCHLAUMACHEN, WAS ZU IHNEN AUF DIE FENSTERBANK PASST.

▷ WÜRMER VERSCHWINDEN AUS BLUMENTÖPFEN, WENN MAN MIT EINER ERKALTETEN ABKOCHUNG VON NUSSBLÄTTERN ODER ROSSKASTANIE GIESST.

DANK

Ich bedanke mich bei meiner Kollegin, der Fotografin Christina Marx, mit der ich bereits für verschiedene Buchtitel zusammengearbeitet habe, für die immer kreative und inspirierende Zusammenarbeit – auch wieder bei diesem Buch.
Ingrid Schick

DIE FOTOGRAFIN

Christina Marx, studierte Kulturanthropologin und Sozialpädagogin, lebt und arbeitet als Naturfotografin und Touristikerin in der Region Vogelsberg. Sie ist mit den Highlights und Naturschönheiten in Mittelhessen bestens vertraut, doch zieht ihre Wissbegier sie immer wieder in die Ferne: Mit dem Segelboot nach Grönland oder zu Fuß über hessische Pilgerwege, überall findet sie Sehens- und Liebenswertes, was sie in stimmungsvollen Fotos abbildet.

Rezepte-Register

KÜCHE UND KELLER

WASCHEN UND PUTZEN

GESUNDHEIT UND WOHLBEFINDEN

GARTEN UND ZIMMERPFLANZEN

BILDNACHWEIS

Christina Marx: S. 12, 14, 17, 18, 19, 21, 23, 24, 29, 30, 36, 38, 39, 42, 46, 48, 51, 52, 54, 62, 66, 67, 68, 71, 73, 75, 76, 79, 80, 81, 82, 85, 86, 88, 90, 91, 97, 99, 107, 108, 113, 114, 119, 120, 129, 131, 132, 136, 138, 141, 148, 151, 152, 154, 155, 160, 167, 173, 179, 181, 188

Ingrid Schick: S. 41, 43, 101, 116, 123, 133, 162, 164

Josef Zöller: S. 58, 123

M. Schuppich/Shutterstock: S. 168

MagMac83/Shutterstock: S. 92

Nastyaofly/Shutterstock: S. 83

Orakunya/Shutterstock: S. 176

GRAFIKEN
Drawlab19/Shutterstock: 6, 70, 74, 109

Iraida Bearlala/Shutterstock: S. 5, 8, 15, 25, 26, 27, 28, 37, 38, 40, 41, 42, 43, 47, 48, 49, 52, 53, 55, 56, 59, 60, 61, 63, 85, 108, 109, 115, 116, 121, 122, 123, 125, 137, 140, 141, 143, 144, 145, 146, 147, 148, 149, 151

Tesastreife, Designed by macrovector/Freepik: S. 14, 15, 62, 63, 86, 87, 108, 109

Vector Tradition/Shutterstock: S. 7, 86, 87, 89, 94, 97, 102, 105

Victoria Sergeeva/Shutterstock: S. 9, 63, 78, 109, 152, 153, 167, 170, 174, 183

Was die Oma schon wusste:

Was willst Du mit dem Dolch Du Rotzert! Ei schleife lasse beim Dotzert!

Vorher:

Nachher:

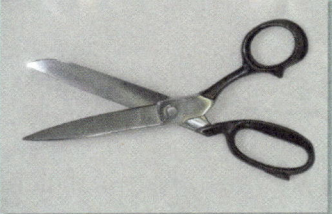

Nachhaltigkeit seit über 140 Jahren!

Ihr Fachgeschäft für alles scharfe hat außer scharfen Schneidwaren auch viele schöne und nützliche Dinge rund um Ihre Freizeit, Ihre persönliche Sicherheit, Sport, Haushalt und Küche – und immer wieder neue Ideen.

Immer erst mal zum Dotzert – Messerschmiede Seit 1879.

Solinger Schneidwaren
Eigene Schleiferei
Töngesgasse 21
60311 Frankfurt am Main
Telefon: 069-283224
E-Mail: messer@dotzert.de
www.dotzert.de

Seit 1879
WAFFEN
DOTZERT
MÜLLER

Hat's geklingelt???

Wer mit dem Fahrrad sicher auf unseren Straßen und Wegen fahren will, muss gut hören können – nicht nur die lauten Signale von Hupen, Sirenen oder Fahrradglocken, sondern auch die leiseren Fahrgeräusche von MoFas, E-Autos oder Bahnen.

Willkommen zu Beratung und Gratis-Hörtest.

HÖRSYSTEME

stoffers

Am Bahnhof 5, 65812 **Bad Soden** ℂ 06196 2 83 64
Hauptstraße 17, 61462 **Königstein** ℂ 06174 2 52 82
Langgasse 3, 65719 **Hofheim** ℂ 06192 8 07 79 00

www.hoerakustik-stoffers.de • info@hoerakustik-stoffers.de

WIR HELFEN HÖREN